"たった1人の自分"を大切にする

13歳からのメンタルヘルス

SOGO HOREI PUBLISHING CO., LTD

はじめに

私たちは気分がいいときもあれば、悪いときもあります。どちらかというと悪いときのほうが多い気がします。実は、悪いときが多いのではなく、悪いときのほうが心に残りやすいから、多いと思えてしまうのです。

気分が悪いときは、つらい思いや苦しい状態になっているのではないでしょうか？　そんなとき、人は思い悩んでいます。その悩む状態や苦しいことが長くなってしまうと、やがて心身に不調をきたします。「メンタルヘルス」とは、心の健康状態を意味しますが、心が不調のときは、ほぼ何かに悩み苦しんでいる状態です。将来への不安やうまくいかない人間関係、さらには自分に対するやりきれない気持ち等々……。

私は、心理カウンセラーとして、長年、多くの方の悩みを聞いてきました。講演会・セミナーの質疑やカウンセリングの面談で直接聞くこともあれば、お手紙やメールなどで寄せられたお悩みや質問に私なりに答えてきました。

本書は、私のこれまでのカウンセリング等の中、いろいろな場面で私に寄せられたお悩みや質問に、私が答えた内容のものを一部ですがまとめたものになります。本書のタイトル『13歳からのメンタルヘルス』としたのは、下は中学生から大人の方々にわたっての質問に答えているからです。

答えた側の者が言うのはおこがましいかもしれませんが、とてもすばらしい質問ばかりです。私なりに考えて答えていますが、ぜひ読者のみなさんも、ご自身の悩み、またはご自身に近い方の悩みだと思って、その答えを一緒に考えていただけると、うれしいです。

私の答えも、一つの生きるヒントとして受けとめていただけると幸いです。

林恭弘

もくじ

第2章 コミュニケーションに戸惑う私

第3章 人との関わり方で大切なこと

SNSでの交流は意外と厄介……99

第4章 自分の価値がわからない悩み

自分の価値はどこにある？……139

第5章 自分らしく生きるために

仕事の失敗から気づくこと……178

人生や生きる意味が知りたい……189

本文デザイン・DTP／横内俊彦
校正／矢島規男

第1章

心が落ち着かない理由

どうしても気持ちが乗らないとき

Q 何に対してもやる気が出なくなってしまうときがあるのですが……。

「やる気が出ない」「やらなければならないことはわかっていても、行動できない」ことは、私にもよくあることです。よくあるというよりも、「やる気がみなぎっている」ことなどあまりない、というのが正直なところです。

人間は、時間的余裕があり、体調やバイオリズムもよく、自分が興味・関心のあることに取り組むときには「やる気がみなぎる」という、「気持ちが先行して」行動を引っ張っていってくれることがあります。

しかし、このような状況はあまりないと言えるでしょう。むしろ時間的余裕がなく、体も精神も疲れていてリズムもよくなく、あまり気が進まないことを、やらなければならないことのほうが多いはずです。そんなときに「やる気がみなぎって」くる人を見たことがありませんし、仮にいたとしても、かなり無理をしているので、その後の体と心の状態が心配になるぐらいです。そういう「やる気が出ない」ときに、「やる気を出さないといけない」と考えると、自分の体と心に無理をさせ、「やる気が出ない自分を責める」ことになりますから、ますます嫌になってしまいます。

人間は誰でも、自分の思っているようにはいかないものです。

やる気が出なくてサボってしまう。ズルいことを考えてしまう。家族にキツイ言葉を言ってしまう。勇気が持てない……など、理想の自分とかけ離れているものです。ですから「やる気に満ちて、まじめで誠実に、優しい気持ちで、勇気を持って」と、まずは「理想的な気持ちになってから行動せよ」というのは、ほぼ不可能に近いはずです。「気持ちから高めて、そのあとに行動する」というのはとても難しいのです。

人間がやる気になるのは、ほとんどの場合が「やっているうちに（行動しているうちに）、やる気が出てくる」ものです。つまり、**「行動しているうちに、気持ちがそれについてくる」**ということです。したがって、はじめからやる気が出ないことは当たり前のことで、まったく問題ではありません。だから、やる気が出ない自分を責める必要もなければ、焦る必要もありません。そして「感情を何とか前向きにしよう」などとは考えないでいいのです。

忙しすぎて心に余裕が持てないのであれば、少し時間をとって散歩でもしてみてください。このときにスマホなど見てはいけません。ただ歩くだけという、他には何もしない「余裕」をつくることが目的です。この後にやらなければいけないことなども考えなくていいです。考えれば余計に心に余裕が持てなくなります。ただ歩きながら、空を見たり、景色を見たり、空気のにおいを感じてみたり、**とにかくただ自然に〝感じる〟ことだけをしてください。**

散歩が終わってから〝やらなければならないこと〟に手をつけます。このとき「やる気を出す」必要はありません。ただ手を動かし、身体を動かし、行動することです。それは仕事でも、勉強でも、体のトレーニングでもまずは淡々と始めて行動していくことです。もしそこで嫌な気持ちになったとしても、「嫌な気持ちだなあ。でもまあ、このままやり続けよう」と、嫌な気持ちになっている自分を認めて、行動をとり続けましょう。「嫌な気持ちを切り替えて、やる気にならないといけない」などとは考えないことです。そのときの自分の気持ちを否定すると、ますます気持ちが落ちこみます。

気持ちはそのままでいいのです。行動をとり続けることで、確実に「やらなければいけないこと」はこなされ、減っていきますし、気持ちも少しずつ落ち着いて変化してきます。最後まで「やる気がみなぎってくるようなこと」にはならない場合が多いとは思いますが、少なくともやるべきことは進みます。

それがやがて習慣になってくると、「行動から入って、気持ちをコントロールできる」ようになっていきます。このように「**行動から入って、気持ちをコントロールする**」ことをカウンセリングでは「行動療法」と言います。ぜひ試してみてください。

Q 僕は中学生です。やらなければとわかっていても、勉強をする気が起きません……。

中学生のあなたが今学校で学習している内容は、どの教科においても「基礎学力」を身につけるための内容でしょう。それは日常生活に直結して役立つものは少なく、「こんなことを勉強して、何のためになるのかなあ」なんて、思うことがあるのではないでしょうか。

その気持ちは私にもよくわかります。人間は、自分の日々の生活と一直線で関係があると感じられないと、身近に感じて関心を持つことは難しいはずです。

しかし、あなたが学習している**基礎学力を身につける勉強は、間接的に将来いろいろなところで必要となり役立ちます。**数学者になるわけでもないのに、なぜ数学を勉強するのかというと、プログラマーだけではなく税理士や弁護士、商社マンやメーカーの事務職、教師や保育士に至るまで、「論理的に物事を考える」能力は必要とされますから、数学を学び論理的思考を鍛えておくとずいぶんと役に立ちます。

古文や漢文は、現代の生活で使うことはありませんが、言葉（日本語）の奥深さや表現法、そして情緒を養うには欠かすことのできないものだと思います。私たちの「思考（心）」は言葉によって創られますから、情緒豊かな美しい日本語は欠かせないでしょう。

しかし、そうは言ってもすぐには勉強する気にはならないものですよね。そこで「人間のやる気はどのように生まれるのか」ということを、心理学で考えてみましょう。

まず「何かをしようとする心の動き」を考える上で、「**期待×価値**」理論というものがあります。

例えば、宝くじを買おうとする人がいますよね。なぜ宝くじを買おうとするかというと、まず「買ったら当たるかもしれない」という〝期待〟があるからでしょう。「どうせ買ったって当たりっこない」と期待がなければ買うことはありません。

次に「当たったら3億円の賞金だ」という高い〝価値〟を感じているからです。「しょせん当たっても3千円だ」と、低い価値なら馬鹿らしくて買わないでしょう。

ですから、やる気「何かをしようとする心の動き」は、「期待（買ったら当たるかもしれない）×価値（当たったら3億円だ）」という公式になるわけです。

ここで大切なことは、「期待＋価値」ではなく、「期待×価値」だということです。つまり、**期待がいくら高くても価値が感じられなければやる気は0《ゼロ》**です。もちろん逆も然りです。したがって、両方の要素を高めていくことが重要になります。

このことは、勉強のやる気にも当てはまります。期待（やればきっとできる）×価値（勉強ができて成績が上がることは自分にとって重要なことだ）ということです。

まず勉強にやる気が出ない、または嫌になってしまう理由は「やればきっとできる」と思えないことです。「なんか、わかったような、わからないような。でも振り返っている時間がないからとりあえず先に進まないと」と、スピードに流されて確実に理解しないで済ませてしまうことではないでしょうか。すると数学でも英語でも歴史でも、暗記に走り出し、ますますしんどくなってしまいます。

ここで大切なことは、**周囲から多少遅れても、確実に理解してから次に進むこと**です。そのためには周囲の目を気にせずに、わからないところを先生にこまめに聞きに行くことです。あるいは苦手科目だけでも家庭教師や塾を活用して、確実にマスターすることです。家庭教師といっても、1教科だけならそんなに費用はかからないでしょう。

この〝期待〟「やればきっとできる」をしっかりとクリアしておかないと、いくら価値を考えても「絵に書いた餅」と同じように現実味がありませんからやる気も湧いてはきません。**まずは徹底して期待をクリアすること**です。

次に〝価値〟ですね。さあ、期待がクリアできれば現実味をおびて、いろいろな価値が湧きあがってくるはずです。

前回よりもよい成績が取れることで、清々しい気持ちになり自信が出てきます。親からも小言を言われなくなりますし、好きなことができる時間も増えるでしょう。

さらに成績が上がっていくことで、志望校合格にも明るい兆《きざ》しが出てきますし、ワンランクアップも目指せるかもしれません。基礎的な教養がどんどん身についてきますから、人間的な成長も促進してくれます。高い学力を身につけることで、職業選択のときも広い選択肢から、あなたの適性にあった職業を自由に選ぶことができます。

そんな「あなたを生かした仕事」だからこそ、多くの人を幸せにすることもできます。たくさんの人が幸せになる姿を見て、あなたはますますやる気が出てきますよ。

Q 今自分がやっているやりたくないことは、後に楽しいことに変わるものでしょうか？

学生でも社会人でも、「やりたくないこと」を「やらなければならない」ことがあります。当然やりたくないことですから、疲れるし集中できないし、ストレスにもなります。そして、それが後に楽しいことに変わるかどうかは、まったくわかりません。

ただ、それらのことは「楽しい」、「楽しくない」ということとはまったく別に、やっておくにこしたことはないと私は思います。なぜなら、**あなたの可能性は「無限」**だからです。「無限」ということは、言い換えると、「どのような能力があるのか」、「どのような才能があるのか」がまるでわからないということです。

ですから**目の前の「楽しくないこと」、そして「楽しいこと」もできるだけやっておくにこしたことはありません。「楽しくないこと」の中には、結果として自分の能力を伸ばしてくれるものがたくさんあるはずです。**学生なら授業の内容や部活、習い事。社会人は、つらくておもしろくない仕事などです。

このようなことは今も、将来にも、直接役立つことはほとんどないかもしれません。だからといって無駄かというと、そうとは言えない部分があります。間接的には教養を高め、経験を通じて創意工夫や知恵を身につけ、忍耐力も養う結果となるからです。

つらくて楽しくないことを、「喜んでやりなさい」とは言いませんが、結果的にはすべてが自分のプラスに働いてくれるはずです。

そうは言っても、「楽しくないこと」、「つらいこと」からは誰だって逃げたくなります。その「逃げたくなる自分」を責める必要など、まったくありません。ただ、**「やるべきこと」を淡々とやるだけ**です。そして「自分の楽しいこと」を次に存分にやればいいだけです。

Q 最近、自分の行動が思い通りにいきません。それを直したいです。

直す必要はないと思います。

人間はみんな、「自分のことが思い通りにいかない」ものです。私も「やらないといけない」と思っていても、だらだらと怠けてしまうことがあります。そして期限が近づいてきて、はじめて本腰を入れて焦りながらやる、ということが多かったものです。人間は、基本的に怠け者かもしれません。

ではなぜ、「やらないといけない」とは思っていても、思い通りにいかないのかというと、「やらなくても何とかなる」。あるいは、「今じゃなくても後でいいや」という余裕があるからかもしれません。「今やらないといけない」という必要性や切迫感が薄いわけです。

例えば、「この問題を30分以内にやらないと射殺します」と言われたら、怠ける人はいないでしょう。それは必要性と切迫感があるからです。

「将来のことを考えて、今は一生懸命に節約しよう」とか、「資格の勉強をしよう」と思ったとしてもイマイチやる気は湧いてきません。あまりにもゴールが遠いので、必要性と切迫感が薄いからです。

ではどうするかというと、**「近いゴール」を自分で設定する**ことです。

例えば勉強なら問題集を「3ページこなしたら休憩しよう」とか、「もう3ページこなしたらアイスクリームを食べよう」とか、目の前に実感できる小さなゴールを設定して、ゴールをしたら自分に小さなごほうびを与えるのです。

小さくてもゴールをすると達成感があります。自分の勉強や行動をコントロールしている人は、**必要性と切迫感を自分でリアルに感じられるようにするとともに、小さなゴールを設定して達成感を感じられるようにしている**ものです。

ちなみに私は、本の原稿を書くときは期限の3日前までに提出することに決めています。そして、そうしなければ出版社の人に迷惑をかけ、自分の信頼も落とすことになると自分に言い聞かせています。これが必要性と切迫感です。しかし一冊の本を一気に書けるわけではないので、小さなゴールを設定して、達成すると好きなマンガを10ページ読むというごほうびを自分に与えています。

そしてそれが自分のパターンになってくると、そんなに気合を入れなくてもできるようになってきます。

Q 私はスポーツクラブに入っているのですが、がんばっても人よりうまくいきません。また、途中であきらめてしまいます。

スポーツをする限りは「上達したい」、「レギュラーになりたい」、「活躍したい」という気持ちがあるのは当然でしょう。そしてうまくいかないと、あきらめてしまいたくなるのもよくわかります。

私は小学生のころから野球が好きで、友人とチームを作って練習や試合をしていました。ポジションはピッチャーです。そのころから肩が強く、みんなの中でも一番速いボールが投げられたからです。

そして中学に進学し、やはり野球部に入部したのですが、自分よりも速く遠くにボールが投げられる先輩や同級生、バッティングがうまい人、ルールをはじめ試合運びをよく知っている人など、自分よりも優れた人と出会い、ショックを受けた記憶があります。何とかがんばって、2年生の終わりにはレギュラー・ポジションをとれたのですが、試合で活躍したことはあまりなかったように思います。

高校からはテニスに興味を持ち、大学時代、そして今現在も続けています。しかし、やはり全国大会に出場するなどといった活躍をすることはありませんでした。

あなたの周りにも「抜群にうまい人」がいるかもしれませんね。そういう人は、運動能力も高くその競技に素質がある（合う）ということでしょう。

もちろん練習やトレーニングによって磨かれる部分も多いのですが、時間がたつにつれその差はますます広がっていきます。

ですから、がんばれば大谷翔平選手のように自分も二刀流ができる……というわけではありません。彼らは類い希なる才能をあらかじめ持ち、それを早くから見つけてくれた人（親やコーチ）がいて、練習する環境もよく、本人もかなりの努力をしたはずです。つまり彼らは「特別である」一握りの人たちです。

もちろん、あなたはそのようなプロフェッショナルを目指してはいないのでしょう。そして今のあなたが一番求めていることは、「そのスポーツを楽しみたい」ということではないのでしょうか。

スポーツを楽しむとはどういうことかというと、「人より優れていることが一つでもある」→「だからチームの役に立つ」→「試合に出られる」→「自分が活躍する、あるいは誰かをサポートできる」ということではないでしょうか。

そして、このような順序を通して、**「自分は必要とされている」という実感が楽しい**ということではないでしょうか。

だから**まずは「人より優れていることがある」から、はじめるのもいい**でしょう。

それは野球の場合なら、出塁する確率でもいいし、足の速さ、スローイングの正確さ、送りバントの成功率、相手チームのサインを見破ること、ベンチのムードづくりなど何でもいいわけです。

その中の一つだけを人より意識し、人より練習することで「その一つ」は確実に上達します。それがあなたの自信にもなり、チームを助けることにつながります。

「すべてにおいてうまくならなければ」ではなく、「**一つからはじめてみる**」ことは大切なことです。

ちなみに、私は野球でもテニスでも大活躍したことはなかったけれど、今でも野球とテニスが大好きです。

あなたも、そのスポーツが好きだ、という気持ちが大切かもしれませんね。

つい感情的になってしまうとき

Q **自分はすごく感情的になってしまうのですが、どうやって抑えればいいですか？**

感情的になることは、決して悪いことではありません。

「喜怒哀楽」という感情は、人間しか持っていない感情で、それを味わえるのはすばらしいことでもあります。

しかし、あなたがもし「感情的になるのがつらい」と言うのであれば、それは喜怒哀楽の中でも「怒り」の感情ではないでしょうか。

怒りの感情は自分でもつらいものですし、それを相手にぶつけると人間関係のトラブルにもなります。ですから怒りの感情を抑えこんで完全にコントロールできればいいのですが、なかなかそうはいきません。人間は感情の動物ですので、容易に喜怒哀楽を自在に操ることは不可能なのです。そして、感情を抑えこむことは心を不健康にしてしまいますので、抑えこむ必要もありません。

しかし「怒り」の感情を受け入れ、今までよりも早く切り替えることならできます。

心理学では、**「怒り」という感情は「第2の感情」**ととらえられています。

つまり、**「怒り」の前には「第1の感情」がある**ということです。

例えば友人と待ち合わせをしましたが、相手が約束した時間に大幅に遅れたとします。あなたがその相手に怒りをぶつけたくなったとしたら、それは相手に対してまず「期待」があるからです。それは「時間通りに来てほしい」、「自分との約束を大切にしてほしい」などの期待です。しかしその期待が満たされないことで「がっかり」「さみしい」「悲しみ」「不安や心配」など「第1の感情」として起こります。この感情こそが、実はあなたの素直な気持ちです。

だから**怒りを感じたときには「第1の感情」を考えてみることで怒りは静まりやすくなり、気持ちの切り替えができるようにもなります。**

そして相手には、「ああ、来てくれてよかった。待っている間に不安になってきてどうしようかと思ったよ」と伝えると、相手も嫌な気分にならずに謝ることができますし、あなた自身も素直な気持ちを伝えたことで満足できるはずです。

Q 冷静な自分になるには、どうしたらいいですか？

冷静の反対は、感情的です。

そして感情的になっているということは、同時に混乱しているということです。逆に、すべてが整理されていて感情的になっている人はいません。

ですから**感情的になったときには、少し時間をとって整理してみると冷静な状態に近づくことができます。**

例えば、「今日は大変な一日になりそうだ」という思いから、あなたは感情的になっているとします。しかしそれは、やらなければならないことがたくさんあって、混乱しているから感情的になっているのです。

そのような時はまず、「やらないといけないこと」を書き出してみます。仮にそれが10個もあったとしても、現実はそのうちの8つから9つぐらいは、実は行動すれば簡単にできることで、難しいことや大変なことは1つか2つぐらいだったりします。

そのことがわかるだけでも、ずいぶん整理されて気持ちが落ち着いてくるはずです。そこでその8つか9つの簡単なことを、とにかく行動して片付けてしまいます。そうするとさらに気持ちは落ち着きます。あとは難易度の高い1つか2つのことをやるわけですが、こうなると冷静に考えることもできて効率が上がります。

人との関係で感情的になってトラブルが起きたときも、まずは整理してみることです。「なぜ自分は（相手は）腹を立てているのか」を自分なりに考えてみます。「たぶんこれかな」という推測がつくだけでも気持ちは落ち着いてきます。

そして次に、相手にコミュニケーションをとることです。冷静に伝えるには手紙やメモ、あるいはメールなどの「文章」がいいでしょう。

「昨日は感情的になってしまったけれど、実は○○と言われたことで傷ついたのだと思う。ついカッとしてごめんなさい」。このように相手に伝えることで、さらに気持ちは落ち着き、冷静になれた自分にも満足できるでしょう。

冷静になるためには、まず「整理」してみることです。そして「行動」です。最初はうまくいかなくても大丈夫です。心がけているうちに少しずつ、うまくできるようになっていきます。

Q どうしたらメンタル面を強くできるのでしょうか？

まず、**「メンタル面で強い」ということは、「動揺しない」ということと「自信がある」ということ**です。

さきほどスポーツの話をしましたが、練習ではすばらしいプレーをしていても、本番の試合では実力を発揮できない人がたくさんいるものです。その人たちの共通点は、「練習と試合とでは別人になってしまう」ということです。

それはなぜかというと、練習ではプレッシャーもさほど感じることなくプレーができますが、本番の試合などの特に競っている場合は、大変なプレッシャーを感じてしまいます。そのような場合では「動揺し」また「自信が持てなく」なります。そうなると本来の実力をまったく発揮できません。「うまい」ことと、「強い」ことは別で、メンタル面で強い人は本番でも結果を出していきます。

メンタル面の強化をするには、練習のときからプレッシャーのかかる状態をつくることです。ミスをしたら腕立て伏せを10回する、あるいは走るなどのペナルティーを作って、緊張感がある本番になるべく近づけるようにします。

プレッシャーのかかる状況でプレーをする体験を数多くすることでしか、メンタル面は強化できません。体験を数多くすることで、人間はその状況に慣れてきます。すると必要以上に動揺したり、本来の自分を失い自信を喪失したりすることも少なくなってきます。

このことは、受験や面接でも同じことが言えるでしょう。あるいは人前でスピーチすることなどにも役立つはずです。要は**経験と、その繰り返し**ということです。

Q ストレスを発散するには、どうしたらいいですか？

ストレスとは、精神的な重圧を受けているということです。それは主に本能と理性の板ばさみのときに発生します。

「本当は言いたいことがいっぱいあるのに、おとなしく叱られて話を聞かないといけない」「スポーツをして体を動かしたいのに、試験勉強をしないといけない」などのときに、ストレスを感じるはずです。そしてそのストレスを吐き出すことなく、過ごしているとイライラがずっと続いてしまいます。

アメリカの署名な実業家であり作家のデール・カーネギーの有名な言葉に、「キープ・ビジー」というものがあります。日本語にすると、「常に忙しくあれ」という意味です。

いろいろな仕事をしたり、人と会ったり、勉強したりとさまざまな行動・活動をしている人はすぐに気分転換できて、いつもすっきりとした気持ちでストレスも少なく、イキイキしているというのです。

あなたも**「ストレスがたまってきたな」と感じれば、少しの時間をとって違う行動・活動をしてみる**のもいいでしょう。そのほうがかえって「本来やらないといけないこと」の集中力が高まるはずです。

ちなみに私は、仕事でストレスがたまったときは、休日に寝て過ごすということは決してやりません。朝早く起きて、子どもたちと一日中遊ぶことにしています。睡眠不足や体の疲れはありますが、精神的にはストレスが吹っ飛んでスッキリします。

周囲のことばかり気になる自分

Q 人に流されやすいのは、どうしたら直せますか？

「人に流されやすい」とは、自分の考えや意見をはっきりと言えない、あるいは他人の意見に〝NO〟と言えないということでしょうか。

それはおそらく、周囲の人とのバランスをまず考え、波風が立たないことを優先しているからなのでしょう。それ自体は決して悪いことではなく、対人関係ではある程度自分を抑えることも必要です。自分の言いたい放題ばかりではうまくやっていけません。

しかし**難しいのが、自分を抑えるときと、自己主張するときとのバランス**でしょう。

自分を抑えすぎると、あなたの言う通り「人に流されている」と感じ、自分がみじめになりストレスもたまります。自己主張すると、あるいは人の意見に対して〝NO〟と言うと、相手を怒らせるか嫌われる可能性もあります。だから自己主張するということは、相手と衝突することを覚悟しておかなくてはいけません。

私が人と衝突することを覚悟し、**自己主張するポイントは、「道徳・倫理」に反しているかどうか**ということです。それは例えば、人の悪口を言う・人を仲間はずれにする・だれかをいじめる・うそをつく・だます、そして学校や社会のルールや法律を破ることなどです。つまり、**「それをしてしまっては罪悪感を持つし、自分を尊重できなくなる」**ということです。そういうときには嫌われても〝NO〟という自己主張をしなければならないと思っています。それ以外はいくら流されてもいいような気さえします。

あなた自身に「これだけは曲げることのできない、大切な価値観だ」というものが持てていないのかもしれません。

そんな自分なりの価値基準が確立されていれば、ここぞというときには自己主張できるようになりますし、それ以外は、人の考えや価値観をおだやかに受け入れることもできるようになるでしょう。

Q 他人に合わせてよく思われたい気持ちが強くなるとネガティブになってしまいます。

確かに、他人に合わせようとする気持ちが強くなると、他人の目を意識し過ぎて自分を出せなくなってしまい、ストレスをためることになります。

しかし、ある程度はその気持ちを持っていないと社会生活の中で、他人とうまくバランスを取ってやっていけないので、特に問題はないかと思います。

人間は誰でも、周囲の人や社会に適応して生活や仕事をしています。ですから人の目が気になるわけですが、そのことでバランスがとれているのです。

そしてもし、あなたが学生（思春期）であれば、勉強やスポーツ、容姿などを他人と比較し、それがとても気になる時期でしょう。だから気になっても、落ちこむ必要はありませんし、ごく自然なことで順調にいっているということでもあります。ただし、しんどいのはもちろんのことです。

過剰に他人に合わせようとする気持ちをコントロールするには、冷静な心で目の前のことを点検することです。**「他人は他人、自分には客観的に見たとするならこのようなよいと**

ころがあって、自分と他人は違うのだ」という、冷静な自己分析眼です。

しかし人間は、若いときには特に自分になかなか自信が持てずに劣等感も強いので冷静に自分を見つめることは難しいものです。私もその劣等感からほぼ解放されたのは30歳を超えてからかもしれません。人はみんなそういうものです。

とにかく、今できることは「自分のよいところを見つける」ことでしょう。おしゃべりがうまいなら「人を楽しくさせることができる」、口下手なら「人の話をたくさん聞いてあげることができる」など。

長所と短所はいつも背中合わせです。ですからどんな人にも必ずいいところ、すばらしいところがあります。他人と比較して、勝っているところだけを見て優越感を持つのではなく、**一般的に劣っていると言われるところに、必ずあなたのよさがある**ものです。

世間の評価だけで決め付けないでください。みなさんには、すばらしいところがたくさんあります。

人の心は意外と変わりやすいもの

Q 「信じる」とは、どういうことですか？

信じるとは、「自分の期待している通りになる」ということだと〝かん違い〟をすることがあるのではないでしょうか。

相手の話を信じる、上司や部下を信じる、家族を信じる、友人を信じる、先生を信じる、自分の未来が輝かしいものになると信じる。私たちはさまざまなことを信じたいものです。

しかし、実際には期待通りにならないことがあります。そのときに、「信じていたのに裏切られた」という表現を使いますが、信じるとは、「自分の期待通りになる」ことではありません。

本当に**「信じる」ということは、「期待通りにならない相手や、自分自身を赦《ゆる》し、受け入れる」ということ**です。

「優しい人でい続けてほしい」という期待を相手に持っていても、相手にも事情があって余裕がなく、感情的になって、あなたにひどいことを言ってしまうこともあるでしょう。

「先生やコーチのような立派な人であってほしい」という期待を持っていても、相手も一人の人間ですから、悩み苦しみ、元気をなくしてしまうこともあります。

「自分の親だけは正しい人であってほしい」と願っていても、家族と生活を守るために、仕方なく正しくないことをしてしまうかもしれません。

「自分の子どもは優秀であり、有名校に行ってほしい」と期待していても、残念ながら成績が低迷し、希望校に合格できないこともあります。

しかし、このように**期待がかなわなくても、「相手や自分を赦し、励まし、支え続けること」が「信じる」ということ**です。

だから、「信じる」ことも、「信じてもらえること」も、すばらしいことなのです。

Q 学生時代、仲のよかった友人に裏切られました。それから人を100パーセント信用できない自分がいます。また裏切られたらどうしようと思うと怖いです。

友人との関係で、ずいぶんつらい思いをしたのでしょうね。

残念ながら他人は、私たちが期待している以上に大きく変化することがあります。相手が「私を裏切った」ということは、言い換えてみると「あの人には変わってほしくなかったけど、そんな私の期待を超えて大きく変化した」ということです。人はそのときの状況で、考えや行動が大きく変化することがあります。

例えばあなたに好きな人がいて、その思いを親友に話したとします。親友はまったくその人には興味がなさそうでしたが、しばらくすると自分には内緒でその人に告白してしまいました。一般的には「裏切られた」ということなのでしょう。

しかし親友の気持ちは、最初は興味がなかったけれどあなたの話を聞き、その人を見ているうちに、その人のよいところを発見して自分も好きになってしまった、という気持ちの変化です。もちろん親友ですから、自分に内緒でそのように告白してほしくなかったという期待があるのは当然です。

実はこの話は、私が中学生のときの自分の体験です。そのときはショックでしたが、あとから「**人の気持ちや考えは変わるもの**だなあ」と思うことができました。

そして「他人を100パーセント信頼できる」ということは、「自分の期待に100パーセント応えてくれる」ということとほぼ同じ意味になるので不可能でしょう。それは友人だけではなく、家族であってもあなたの期待を超えて気持ちや行動が変わることがあります。

「裏切られた」という言葉を使うと悲しくなりますが、私は「**人間は変化するものである**」という解釈をしています。そうすればあまり悲しくなりませんね。

第2章

コミュニケーションに戸惑う私

会話ができない・弾まない

Q 「気の合わない人」と、うまく会話するにはどうすればいいですか？

まず、「気の合わない人」とはどんな人かを考えてみましょう。

それは趣味などがあなたとは違い、会話が弾まない人。性格があなたとは違って、どちらかというと遠慮がちな人（あるいは逆に強引な人）。コミュニケーションのペースが遅すぎてイライラする（早すぎてついていけない）人。あるいは価値観があなたと違う人、などではないでしょうか。

そのような人とは、会話をしたり付き合っていったりするのは、少々ストレスがかかるものです。それはあなたと相手の「違い」を意識して、どこかで埋めなければならないからです。仕事などビジネスシーンでは「気の合わない人」との出会いや、それを何とかうまく対処していかなければならない場面が多いことでしょう。

私は気の合わない人とは、「この人は自分とは違うところがたくさんあるなあ」と考えながら、まず**相手の話を聞く**ようにします。

人間は「自分のことをわかってほしい人」が多いので、聞いてもらっただけでもこちらに好感を持つようです。気を遣う分、もちろん気の合う友人と過ごす時間のように楽しい時間ではありませんが、あなたの質問の「うまく会話する方法は？」に関しては、一つの解決策かもしれません。

「会話」というと、つい「話す」ことに意識が向きがちですが、**「聞く」ことも大切な、そして有効な要素**です。

Q「知らない人」と会話できるようになるには？

正直に言いますと、私自身も知らない人と話すのは緊張しますし、何を話せばいいのかわからないので苦手です。たぶんほとんどの人が苦手なはずです。

それは初対面の人に、「自分がうまく話さないといけない」と思うからかもしれません。

しかし、会話のうまい人を見ていると、自分が話すよりも相手にたくさんしゃべらせています。


会話の基本は、相手に60パーセントしゃべらせて、自分は40パーセントだと言われています。つまりは**聞き上手が会話上手**ということです。


「お仕事の内容はどういったものですか？　そうですか、それは大変ですね。かなり遅い時間に帰る感じですか？　ですよね、家に帰ってご飯を食べたらかなり遅くなりますよね。私も帰ってお風呂に入ったらすぐに寝ちゃうこともあって。朝起きたらすぐ家を出ないと遅刻してしまいそうになることもありますよ」

相手に聞いたあとに、だいたい自分も同じぐらいの情報量を話せば自然に会話はバランスがとれます。

Q 自分が今、どのスイッチ（心の状態）に入っているのか、よい判断方法があったら教えてください。

人間は（私も含めて）、今この瞬間の自分を分析することはできないでしょう。

自分に気づくのは常にその後です。つまり、何かをしたり言ったりしてしまった後から、「ちょっと厳しすぎたかな」などと思うわけです。

直後に気づいてそれに対して後悔しているのなら、すぐにフォローもきくかもしれませんし、ずいぶんたってから気づいたのだとしたら、フォローできないかもしれません。カウンセラーでさえ、すぐには自分のことに気づかずに、後悔することもあるくらいです。

しかし、「自分はどのスイッチに入りやすいのかな」ということを、少しでも意識していると「言いすぎ」や「やりすぎ」はかなり防げるようになります。

そして人と話す前に「今日は優しく話しかけてみよう」、「冷静に話しあってみよう」、「明るく接してみよう」などと、意識してスタートすることで自分をある程度コントロールすることもできます。

うまくできないこともたくさんでてきますが、ちょっと自分を意識するだけで少しずつ自分がわかってきます。

Q 友人に軽はずみですぐ皮肉や憎まれ口をたたいてしまうのですが、直す方法はありませんか？

一番よいのは、皮肉や憎まれ口をたたいてしまい、後悔することがあったらあとで謝ることです。「言いすぎたよ。嫌な気分にさせてごめん」と、あなたが謝ることで、相手は「自分の気持ちを考えてくれた」という印象を受けますので、そのあとは大丈夫でしょう。

そして自分のとった言動が、「相手に悪かったな」と思ったときに正直に謝ることで強く意識できるようになります。人間は何回も一つのことを意識することで、やがてはそれが習慣になり、意識しなくても相手が不快になるようなことをしなくなります。

あなたがまず「自分は相手を不快にする皮肉や憎まれ口をたたいてしまうことがあるな」という自覚を持っていることが、大切です。

思い出したときだけでもいいので、これからも**自分の言動のあとで「今の言動は相手がどう感じたかな？」と意識してみてください**。

それだけで改善されていきますよ。

Q あまり話したことがない社内の人と仲良くなりたいです。どうすればいいですか？

「あまり話したことがない人」というのは、「日ごろ、親しく会話していない人」という解釈でいいでしょうか。きっとあなたにとっては気になる人ですよね。しかしきっかけがなかったり、タイミングがつかめなかったりで「話したい。仲良くなりたい」と思ってもそのまま、というところでしょうか。では、「仲がいい人」になるために、「仲がいい」とはどのようなことかを考えてみましょう。

まず、家が近いとか、出身地が近いとか、同じ路線の電車で通勤している、趣味が同じ、好きな芸能人が共通している、ファッション・センスが似ている、応援している野球（もちろん他のスポーツでもいいですし）チームが同じなど、つまり話題が合うということかもしれません。話題が合えば、時間が経つのも忘れるぐらいに楽しくて盛り上がります。

つまり**二人に共通点があることは、互いに理解も早く、親密になる大きな要素**だということです。逆にどんなに仲がよくなりたくても、話題がまるで合わないと楽しくないし、かえって一緒に居ることに苦痛を感じるかもしれません。

ですから、仲良くなる方法としては、**相手の好みや趣味を知ることからはじめてみる**といいでしょう。

相手の様子をよく見ていると、ある程度の好みや趣味がわかるかもしれません。あるいは周囲の人にそれとなく聞いてみて、その人の趣味や興味のあることを教えてもらってもいいでしょう。その情報をもとに、ちょっとタイミングを見計らって話しかけてみることです。「〇〇さんって、△△が好きなんですね。この前友人と話しているとそんな話が出て。私も好きなんですよ……」などと、まずは話題を振ってみることです。そこから話が弾めばそれで成功ですし、それ以上話が続かないようなら無理をする必要はありません。

無理に話を続けようとするとぎこちなくなり、二人ともどうしてよいかわからない空気になって、次に顔を合わすのが気まずくなるかもしれません。

ですから、あくまでも自然に。話が続かないのなら、また次の機会にすればいいのです。そして自然な機会がすぐに来ないのなら、3カ月でも半年でもそのままにしておくことです。

その人は自分の好きなことや興味のあることを知ってくれていて、声をかけてくれたあなたに対して少なからず好印象を持っているでしょうから、「そのとき」が来れば仲良くなれるかもしれません。


ただ、**人間関係は思った通りにならないことがたくさんあります**。

あなたがいくら仲がよくなりたいと思っても、なぜか近しい関係になれないこともあるでしょう。その逆に、気づいたらとても親しくなっていることもあるでしょう。

人間関係は、「やるだけのことをやって」あとは、「自然に任せて待つ」ことが無理のない結果を生むことが多いものです。

チームや集団がなかなかうまくまとまらない

Q 今、部署内でミーティングをすると発言するのはいつも同じ人で、それ以外の人はシラケている感じです。どうしたらいいでしょうか？

あなたの気持ちは、私も個人的に共感します。みんながシラケているのは残念ですし、せっかくやっているのだからみんなで熱くなりたいですよね。

でもですね、シラケているように見える人も、実はそれはポーズで、シラケたいわけではないことがほとんどです。

もしかしたらイジケているのかもしれません。口の立つ人（論理的で、しゃべるのが得意な人）が話し出すと自分の話すタイミングが見つからず、欲求不満になっているのかもしれません。

うまく自分の意見が言えず、しゃべるのがうまい人に優先権を取られてしまい、それが癪《かん》に障るわけです。だから自分の意見が通る見込みが立たず、シラケてイジケるのでしょう。

心理学の考え方に、「**参加の原理**」というものがあります。それは人間がシラけて積極的に動こうとしないのは、「自分は参加していないからだ」という考え方です。

うまく自分の意見を伝えることができず、また意見を聞いてもらえない人は、「自分はその活動に参加している」という実感が持てないのでシラケてしまう、ということです。このことを逆に考えてみると、解決策のようなものが見えてきませんか？

つまり、**意見を言ってもらい、みんながそれを一生懸命に聞く**のです。そうすることで「自分は意見を言えた。そして聞いてもらえた」という実感を持てば、「自分は参加した」ということになり、態度が変わる可能性は高いはずです。

そのためには、その**〝シラケ組〟の人たちに意見を言ってもらうことが先決**です。そして、その意見がどのような意見であってもまずは**〝聞く〟ということを徹底してみる**ことです。

ただし、しゃべるのがうまい人には事前に話をしておいて、その日は黙っていてもらってください。

人は自分が意見を言えて、みんなに聞いてもらえると、〝やる気〟も出てくるものです。

Q ミーティング時、みんなが勝手に言いたいことを言うばかりで話がまとまりません。

「話を聞いてください」と言っても、他人の話を聞く習慣が身についていない人には効果がありません。そのような場合には、みんなでルールを決めることをおすすめします。

❶ 話し合いの場では、他人が発言しているときはその意見を黙って聞くこと
❷ 他人の意見を聞けない人は、その意見を聞いて自分の自信がぐらつくのではないかという恐れを持っている人である。つまり本当は自信がない人である
❸ 他人の意見を聞かずして、信頼関係は築けないものである

以上のような確認事項を紙に書いて部室に張っておくといいでしょう。これらのことは民主主義の原理です。

そして話し合いを持つときはボールを一つ用意します。ボールを持っている人だけに発言権があり、ボールを持っていない他のすべてのメンバーは黙って話を聞くことにします。発言したければボールが回ってくる順番を待たなくてはなりません。

このような、**〝誰の目にもはっきりと確認できるルール〟を設ける**ことで、「聞いている、聞いていない」というトラブルは避けることができるでしょう。

そしてこのルールを守ることで、他人の意見を聞く習慣も自然に身についてきます。

家族のコミュニケーションが面倒

Q 中学生になってから親とのコミュニケーションがうまくいきません。

中学生になると、小学生のころと比べて親子の関係は変化してくるものです。あなたからすると親にいちいち干渉され、口うるさく言われることが嫌になってきたりします。それは「自分のことは自分で決めたい」という自立へ向けての意識が高まってくるからです。しかし親からすると、中学生になったとはいえ、まだまだ子どもで手がかかり、そして心配でもあるのでつい口うるさくなってしまうのです。

そのような親に対して「必要なときは助けてほしいけれど、それ以外は黙っていてほしい」という身勝手なことを考えてしまいます。また親も、「そろそろ自立しなさい」と言いながらも、心配からつい何かと口出ししてしまい、かえって子どもの自立を阻害してしまいます。これはどちらもお互い様で、身勝手なことを言っているわけです。

この状況を改善するには、ちょっとしたコミュニケーションを取り入れることです。

それは、まずあなたの方から、干渉されたくないことがあれば、「○○は任せてほしい。自分でちゃんとやるし、あとで報告もするから」と**自分で管理することを宣言し、報告をすることで親に安心感を持ってもらう**のです。ここで大切なことは、**約束は必ず守る**ということです。一度でも約束を破ると、「やっぱりまだまだ子どもで、自分ひとりではできないのだ」と判断され、何かと干渉されることは覚悟しなければなりません。

あなたが自由にできて、親との気持ちよいコミュニケーションを望むのであれば、**自分の責任をしっかり果たしているところを見てもらうこと**です。そして、「自分はしっかりやっているのに、信頼してくれないとさみしいなあ」と親を非難するのではなく、あなたの素直な気持ちを打ち明けることです。

Q 母に対しての気持ちが、今「ウザい」です。母は、言うことが突然変わったり、いきなり怒り出したりもします。怒っているときは、スルーしてあげたほうがよいのでしょうか？もう、何が何だかよくわかりません。

あなたの言う通り、**お母さんが感情的なっているときはスルーしてあげてください。**一般的には（もちろん個人差がありますから一概には言えませんが）、女性の方が感情が表面に出てしまいやすいようです。これは「男性脳」、「女性脳」と言われている脳の機能の違いにあるようです。

そして子どもの生活の面倒を四六時中見ていることと、我が子を産んで育てているという意識から、余裕がなくなりつい感情的になってしまうのです。「どうしてそんなに感情的になるの？」とたずねても、本人も理由がわからないことが多いようです。ですからあなたの、「何がなんだかわかりません」というのは普通なのかもしれません。

しかし、お母さんは我が子に対して、社会に出たときに恥ずかしくないようなしつけをしておかないといけない。基礎学力はしっかりと身につけられるように勉強させないといけない……など、親としての義務を精一杯こなそうとしているはずです。ただ、あなたは、その期待をパーフェクトにかなえることもできないでしょう。**人間は思い通りに物事が進まないと、誰だってイライラするもの**です。

それだけではなく、家事のことや家計のこと、お父さんとのコミュニケーションやご近所付き合い、お母さん自身の体調など、あなたがわからないイライラの理由は数え切れないぐらいあるはずです。それはおそらく、**お父さんも同じだと思います。家族であっても、互いにわからないことはたくさんある**ものです。

ですから、お母さんが感情的になっているときは、「これは通り雨のようなものだ」と思って、スルーしてあげてください。それはお母さん自身にとっても、その方がありがたいこともあります。イライラした自分に後で気づき、自己嫌悪になることがあるものです。

何よりも感情をぶつけられるのは、あなたのことが一番身近な存在だと思っているからです。

Q

祖父母が高齢で病気のために入院しています。父と母はいつもフラフラになりながら看病しています。そんな様子をずっと見てきて、お見舞いに行っても接し方がわからずいつ

も離れて見ていると、最近父に「お前には愛がない」と言われ、それで悩んでいます。

お父さんの言葉は、優しいあなたの心に突き刺さったのでしょう。ただ、お父さんの言葉は本心ではないことが、私にはよくわかります。

人が、誰かにキツい言葉を言って攻撃したくなるのは、「期待」があるからです。「期待」がなければ腹を立て、キツい言葉を放つことはありません。

では、お父さんのあなたに対する「期待」とは何かというと、「自分（お父さん）と同じように、おじいちゃん・おばあちゃんを大事にしてほしい」という期待でしょう。

その「期待」がその通りに満たされなかったことによって、「がっかりして、悲しい気持ちになった」ということが、お父さんの素直な気持ちです。つまり、お父さんの期待（理想）は、「おじいちゃん、おばあちゃんに会ったときには優しい言葉をかけ、大切にしている行動をとってほしい」ということでしょう。

しかし、あなたの気持ちも私にはよくわかります。ご両親がフラフラになって介護し、それでも当然年老いていく祖父母に会ったときに、具体的にどう接したらいいのかわからない、という戸惑いなのでしょう。つまり、お父さんの期待と、あなたの自然な戸惑いとのギャップがあったということです。

そこで、もし今もこのことであなたが気になるのであれば、お父さんに手紙を書いてみるのはいかがでしょうか。どうしたらいいのかわからない戸惑いを素直に書き、そして、お父さん（とお母さん）へ「いつもありがとう」という言葉を添えて、祖父母に優しく接することができたらいいなという思いを書いてみるのです。

言いづらいことは手紙で伝えるというコミュニケーション手段です。

Q 自分の将来の夢と、親が私になってほしいという人と、どっちを選べばいいですか？

私も若いころに迷った経験があることを思い出しました。人生経験のある親と、そこまで人生経験のない自分のその間には将来のあり方でずいぶんギャップがありました。

人生経験を通して、また親の目から見た我が子の様子を見て、将来にできるだけたくさんの選択肢が得られる可能性がある道を進ませたいのが両親ではないでしょうか。それに対して、「これだ！」という思い込みで、すごい勢いで方向を決めたい純粋な若い自分。当時は、反発しながらもかなり話し合って、「親の言うことにも一理あり」ということで、アドバイスを受け入れた経験があります。

いまだに振り返ってみると、「今が満足のいく仕事や生活ができているので、あれでよかったのだ」と思える自分と、「もし自分の思う通りの夢に向かっていたら、どうなっているのだろう」という思いが同時にあるというのが正直なところです。

もちろん〝正解〟などはないはずです。つまり、「今がよければ、すべてよし」ですから、あの時の親のアドバイスを受け入れてよかったと考えています。

かつての日本は終身雇用、年功序列という独自のシステムが機能し、優秀な人材を育ててきました。会社が責任を持って若者を大切に教育して、社会に貢献できるように育ててきたわけです。

しかし、現在はずいぶんと事情が変わってきました。終身雇用も年功序列も崩壊し、「じっくりと人を育てる土壌」がひっくり返されたと言ってもいいでしょう。企業は短期間で業績を上げ、生き残るために、あるいは人件費のコストダウンを求め、「即戦力」になる人材を圧倒的に求めるようになりました。そこで、雇用形態も「全員が正社員」から、「契約社員」、「パート社員」、「アルバイト」など、同じような仕事をしているにもかかわらず、多様化しています。

「じっくりと育てて、将来は大きな幹になってもらおう」と考えることよりも、「高い成果をすぐにあげ、会社の利益になる」人を採用しようと躍起になっています。それはそれで、今の時代には必要なことなのでしょう。しかし個人的には、「人を育てる」ということにおいては、大きな問題だと思っています。

このような変化の流れを考えたときに、「大学を出ているから」とか、「大学院を出たから」といって就職も人生も順調にいくとは限らないということです。

大学に進学をするにしても、「どのような職業に就き、どのような分野で自分は力を発揮し社会に貢献していきたいのか」をあらかじめじっくりと考えて、進路を決定する必要があるでしょう。

若者が夢を追いかけるのも同じことです。

自分はその夢を実現することで、どのように人間として成長し、豊かな人生を創りたいのか。そして、その夢をかなえるだけの能力が自分にはあるのか。もしなければ、今後どのような方法で自分をトレーニングして、その能力を身につけるのか。

このようなことをじっくりと、若いうちに親と相談しながら決めていくことが重要です。「あなたの夢」に確実に近づいていくためのプロセスがなければ、寝ているときに見ている夢と同じになってしまいます。

親の意見にも必ず一理はあるので心を開いて聞いてみてください。あなたが心を開いて、まずは聞かないことには親もあなたの意見を聞いてくれることはありません。

そして、次にあなたの夢を話し、「そこに近づくための現実的なプラン」を用意して親に聞いてもらってください。そうすることで結果はどうであれ、家族の協力のもと、必ずすばらしい方向性が見えてくるはずです。

仮にあなたの夢が破れたとしても、またさらに成長したあなたから「次の、もっとすばらしい夢」が生み出されるはずです。

第3章

人との関わり方で大切なこと

人にうまくなじめない自分

Q 古い友人が、自分から離れていくことを最近感じます……。

以前に親しかった人と心の距離が離れていくのはさみしいものですね。

お互いに成長し、時間がたつとそれぞれの「個性」が際立ってきます。それに伴い個人の価値観も以前とは変わっていきます。久しぶりに会うと、話が合わなくなったりするのはこのためです。ですから離れていくのは自然なことでもあります。

あなたは以前の友人に、離れるのが嫌だからといって、全部合わせようとはしないでしょう。相手もやはり同じで、全部をあなたに合わせようとはしないはずです。すると、さみしいけれども、自然に人は離れていきます。

しかし、**離れる人がいれば新しい人との出会いもあります。出会っては離れて、離れたらまた新しい人との出会いがきっと繰り返されるでしょう。**なんと人は一生の間に出会って会話を交わす人だけでも最低3万人はいるそうです。ですから人との別れは必然なのです。

でもと言いますか、私は先日小学校の同窓会に参加したのですが、30年以上ぶりに会った級友は、あの時とあまり変わらない「友達」でした。

Q 周りの人から頼みごとをされると、断るのが悪いような気がして、つい引き受けてしまいます。人がよすぎるのもよくないのかな？　とも思うし、私も結構つらいなと思うことがあります。

あなたの言う通り、他人にしてあげられることがあって、喜んでもらえることはうれしいことです。

でも、「どうして私だけがそこまでやらないといけないの」と思うようであれば、周囲の目を気にし過ぎているのかもしれません。「断ったらどう思われるだろう？　どう言われるだろう？」という心配があるのでしょう。

しかし、「悪い評判」を過剰に恐れてがまんし続けると、あなた自身がどんどんつらくなってしまいます。そして気になることは、果たして、周りの人は本当にあなたのことを悪く思うかということです。たぶんそれはないはずです。周りは軽い気持ちで頼んでいるだけで、あなたの状況や気持ちまでわかっていないだけでしょう。

友人や家族などの親しい関係でも、互いに感じていることや考えていることは違います。親しい人たちには「言わなくてもわかってほしい」と私たちは期待しますが、「言わないとわからない」ものです。

「やってあげたいけど、今、余裕がなくてできそうにないなあ。ごめんね。でも、◯◯ならできるかなあ」などと、「できること」と「できないこと」を明確に伝えたり、あなたの状況を知らせたりすることで、目の前の人もあなたと同じレベルで理解できます。

そして、「できない」とすべてを断っているわけではなく、「できること」や「できる範囲」を提案することで、相手には「何とか協力しようとしてくれているんだ」という思いが伝わるでしょう。

このようなケースだけではなく、**断るときは、あなたができることも提案してあげることで互いに協力意識がめばえて、決して悪い雰囲気にはならないはずです。**

Q 優しさとはなんですか？

優しさとは、「相手の心に沿ってあげること」ではないかと思います。

例えば、電車に乗っていて、あなたは座席に座っているとします。ある駅からお年寄りが乗ってきました。しばらく様子を見ていたあなたは、周囲の目を気にしながらも、勇気を出して座席を譲りました。それはまぎれもなく、あなたの優しさから出た行動でしょう。

なぜなら、あなたはそのお年寄りを見ていて、前後左右に揺れる車内で、ふらふらとしながらつらそうに立っているお年寄りの「心に沿って」共感し、行動に移すということをしたからです。

しかし、同じようなお年寄りでも、若々しいファッションを身につけ、よい姿勢でしっかりとした様子で立ち、表情も涼しげであれば、あなたは座席を譲らないかもしれません。

あなたの奥さんが風邪を引き、熱を出しているときに、「今日はつらそうだから、洗濯をしてあげよう」というのも、つらそうで大変そうな奥さんの「心に沿って」家事を手伝ってあげるという「優しさ」です。

職場や学校（クラス）で人から無視をされ、一人孤独で寂しがっている人に「大丈夫？今日は一緒に帰ろうか」と声をかけてあげることは、やはり相手に共感し、「心に沿ってあげる」優しさです。

優しさは特に、つらいとき、悲しいとき、寂しいときなどに、相手に共感し「心に沿う」ことで、ちょっと先回りをしてあげることではないでしょうか。

Q どうしたら優しい人になれますか？

そもそも「優しい人」とは、どのような人かを考えてみる必要がありそうです。その上で、心理学には「精神分析学」という考え方があって、その中での「愛の定義」が参考になるかもしれません。その定義とは、「愛とは、相手のために、相手本位に時間を与えることである」とされています。

それは、**家族や会社の仲間、友人をよく見ていて、落ちこんでいたり、元気がなさそうだったりするなあと、あなたが感じたときには、「何か元気がないような気がするけれど、どうしたの？」などと一声かけて、そして時間をかけて話を聞いてあげること**なのかもしれません。

優しい人は自己中心的な人ではなく、大切な人の様子をよく見て、気持ちを理解しようとする人だと私は思います。

でも、「どうしたら優しい人になれますか」という質問をする、あなたが充分に優しい人だと私は思います。

Q

自殺願望があって、以前に軽くリストカットをしていた人がいます。普段は明るいのですが、急に暗くなるときがあります。どう接すればいいのでしょうか？

若い方でリストカットなどの自傷行為をする人は意外と多いようです。とても悲しいことです。本人も自覚していないのですが、自傷行為は言いたいこと（表現したいこと）が何かのことで抑えこまれていて言えない分、自分を傷つけるという行為で表現してしまうことです。あなたにできることは、たくさんはないかもしれません。

しかし、**話を聞いてあげること**ならできるかもしれませんね。その人の家族や近しい人よりも、きっとあなたに対してのほうがずっと話しやすいのかもしれません。**気持ちを聞いてあげること**で、抑えこまれている重い塊《かたまり》を少しは軽くしてあげることができます。

実はカウンセリングとは、まさにそのことです。なかなか言えなかったことが、少しでも表現できることで驚くほど人の気持ちは変化します。

私たちカウンセラーはそのような人たちをたくさん見てきました。あなたも身近なカウンセラーになってあげてください。

Q 私は他人に合わせて「よく思われたい」という気持ちが低く、上司にゴマをするような人と一緒にいるとイライラすることがあります。どうしたらうまく付き合えますか？

最終的には、**「人は人、自分は自分」**と割り切るしかないのかもしれません。でもその前に、他人に合わせてよく思われたいという気持ちの強い友人のことを、理解しようとすることも大切です。

あなたとはまったく違うタイプで、どうしても自分に自信が持てないか、あるいは目上の人を気にしすぎてしまうのでしょう。あなたからすると、「目上の人には礼儀正しく振る舞ったほうがいいけど、なにもそこまでしなくてもいいのに」と思うのでしょうけれど、本人からすればどうしようもないのかもしれません。

人はみな、それぞれ持って生まれた個性があります。もともと勝気な人、もともと気が弱い人、気兼ねしない人、気兼ねしてしまう人など、個性はさまざまです。

その個性にさらに家庭環境や生活環境などが加わり、人格が形成されていきます。だから身近な友人でも、自分とはまったく違うものを持っているわけです。

しかし、私たちは身近な人に対して、「自分と同じように考えるべきだ」という期待を無意識に持っています。だから、自分と違う考え方や振る舞いをする人を見ると理解できないし、イライラしてしまうのです。

この「私と同じように考え、感じ、振る舞うべきである」という期待を、「一体感願望」

と言います。そして「一体感願望」が叶わないと、「あの子は変だ」、あるいは「あの子は間違っている」というように、相手を否定することにもなります。

しかし**相手は間違っているのではなく、あなたとは「違っている」だけ**なのです。

だから、「あの子は自分とは違って、気が弱くて目上の人に気兼ねしてしまう、自分とは違う個性の持ち主なんだなあ」などと考えてみると、少しはイライラが減るかもしれません。**みんな違う個性を持った、この世で唯一の存在**です。

Q

よく悩みを相談されます。たまに何て返事をしてあげたらいいのかわかりません。また、自分でもポジティブだとは思うのですが、人から「あまり考えてなさそう」などと言われます。すると、自分の悩みが小さく感じてしまいます。

あなたの言われることは、もっともだと思います。人によって同じことが起こってもまったく違いますよね。何が違うのかと言うと、「**受けとめ方**」が違うのです。

例えば朝から雨が降っていたとします。ある人は、「最悪の一日だなあ」と嫌な気分になっています。しかしあなたは、「ラッキーな楽しい一日になるなあ」と喜んでいるとしてください。その違いは何かと言うと、「雨が降っている」という出来事に対する「受けとめ方」の違いです。

「最悪だ」と思う人の受けとめ方は、「服や髪がぬれて台無しだ」というマイナスの受けとめ方で雨を見ている人でしょう。でもあなたは、「お気に入りの傘を買って、それを今日は友人に披露できる」という、受けとめ方をしているのかもしれません。当然ラッキーで楽しい一日になるはずです。

「出来事」が人を不幸にしたり、台無しにしたりすることはないのですよ。すべてはその出来事に対する「受けとめ方」なのです。

告白してフラれても、「あの人と自分は感性が違ったのだなあ」と受けとめれば、少々落ちこんだとしても悲観的になることはありません。でも、「自分には魅力がない」と受けとめれば悲観的になります。仕事で失敗しても、「自分の欠点に早く気づけてよかった。何とか克服しよう」と思えばやる気につながります。でも、「自分はやっぱりだめなんだ。どうせ能力がないんだ」と受けとめればやる気など湧いてきません。

大切なことは**「出来事」が人を不幸にすることはない**ということです。**うまくいかなく**

ても、失敗しても、フラれても、「これが自分を成長させてくれるチャンスだ」と受けとめることです。「プラス思考」とは「心のクセ」です。もし思いもよらないような出来事が起こっても、「成長できるチャンスだ」というクセを身につけてください。その「心のクセ」があなたの人生をつくっていきます。

Q 会社内に仲のいい「友人」と呼べるような人はいない気がします。当たり障りのないようにずっと気を遣っている相手は友人と言えるのでしょうか。独りじゃいけないんですか。友人は必要ですか。なぜ周りは群れをつくるのですか。

自分を取り巻くいろいろな人たちを、すべて「友人」と表現する人もいます。親友以外は「ただの知り合いの人だ」、という人のほうが少ないはずです。

なぜ、自分の生活圏での特に同年代の人を「友人」と呼ぶのかというと、その「集まり」の中で自分が受け入れられていて、安定した居場所になっているからでしょう。あるいは、自分の居場所がそこにはある、と思いたいのかもしれません。

人は誰でも「居場所」を求め、そこでの人たちに自分を受け入れられたいと思うものです。なぜなら**人間は、「孤独感」と「疎外感」には耐えられない**からです。

マザー・テレサの残した言葉に次のようなものがあります。

「人間にとって耐え難い苦痛は、貧困や飢餓、伝染病ではない。それは〝孤独〟である。そしてその孤独とは、人里離れた山奥でひっそりと暮らす孤独ではない。その孤独であれば、まだあきらめがつく。そうではなく、自分の身近に知人や友人、家族がいるにもかかわらず、誰も自分をわかろうとしてくれない孤独こそが耐えがたい苦痛である」

というものです。まさしくその通りでしょう。

そして心理的に「孤独」が耐えられないということと、もう一つの「群れる」理由があります。それは自己保存（防衛）本能としてということです。

人間は古来より集落をつくって、その中の一員として、または一家族として生活していました。その目的の第一としては、互いに協力し合い、助け合って生きていく必要があったからです。食料や水、薬など、家族が多くて子どもたちが飢えるような状況になったときに、集落の人がみんなで助けてくれることで命がつながるわけです。

また、外敵が襲ってきたときには、やはり集団の方が防御は強くなり、生き残れる確率は格段に増すことでしょう。

このように心理的な理由と、生存するための理由により、古来より人間は「群れる」必要がありました。そのような暮らしと人間関係の中で生きてきたので、「群れないと生きていけない」というメッセージが本能にインプットされています。特に子どもを抱え、コミュニティーの援助を受けながら生きていく必要のある女性の方が、「群れる」という本能が強く、それだけに男性と比較してもコミュニケーション能力が高いことがわかっています。


あなたの質問への回答ですが、「群れないといけない」わけではないと私は考えます。理由もなく不安になり、とにかく「群れる」ことでその不安を何とかしようとするのは疲れるばかりですし、親友ができない原因にもなります。もちろん「とりあえずみんなに合わせておく」ことも場合によっては必要です。

でも、とりあえず合わせてばかりだと、深い会話にもならず価値観の共有もできません。親友であれば、互いに言いたいことを言えるでしょうし、たとえケンカをしたとしても仲直りしてさらに親しくなったりもします。それはやはり、深い会話と価値観の共有など、ほかの友人よりも大きな信頼があるからです。

そのような「親友」は一生を通しても何人も出てくるわけではありませんが、一人でも、二人でも親友がいるだけでべつに群れなくてもさほど不安を感じることもないでしょう。

ただし、**群れる必要はありませんが、周囲の人に「協力的」に関わることは大切なことです。**あるいは親友ではなくても、**誰かが困っているときには「助ける」ことも大切なこと**です。あなたに一人でも信頼できる友人がいて、それ以外の人にも協力と援助をしているのなら、群れなくてもいいはずです。

でも「友人なんか一人もいなくてもいいじゃないか」というのであれば、少々意固地になっているかもしれませんね。

自然な人間のあり方は、直接助け合う仲ではなくても、どこかでわかり合っていて「心の中でつながり、助け合う」関係がほしいものです。だから、たまには自分の弱さを表現できる素直さが大切ですよ。

Q いじめられて嫌な気持ちになってためこんでしまい、でも、誰にもそういうことが言えなかったら、どうすればいいのでしょうか？

いじめはとてもつらいものです。いじめられると、孤独感と疎外感を感じます。この孤独感と疎外感が、人間のもっともつらいことなのです。

いじめられたときには、ぜひ家族や周囲の信頼できる人に打ち明けてください。あなたがもし学生なら、先生に打ち明けてください。

「いじめられる方にも原因がある」などと馬鹿なことを言う人もいますが、そんなことはあり得ません。いじめは卑劣で、人間の弱さでもあります。

でもキレイごとだけではなく、現実にはいじめは残念ながらなくなることは難しいのかもしれません。なぜならば人間は未熟でおろかで、弱いところをたくさん持っているからです。

それは誰かをいじめることでうさ晴らしをしたり、一時は自分が優越感を持てたりするからでしょうか。

でもそれは全部いじめる人間の抱えている問題で、いじめられる方には問題はないのです。

しかしそうは言っても、いじめられてもなかなか打ち明けることができない人が多いものです。なぜならば、いじめにあうことはとてもショックなことで、まさか自分がいじめにあうなどということを受け入れることができないからです。とてもみじめな気持ちになるからです。

人間はちょっとショックなことであれば打ち明けることができますが、本当に深刻なことは、打ち明けることができないものです。

しかし、いじめられるということはあなたのせいでは決してないので、ぜひ**信頼できる周囲の人に打ち明けてください。**

あなたを大切に思っている人がたくさんいます。その人たちに打ち明けて、聞いてもらうだけでもきっと心は救われるからです。

Q コロナ渦で孤独感や孤立感、社会的孤立を経験しました。今も時々思い出して怖くなります。

外出の制限や会話の機会が減少するコロナ禍で経験した孤独感や孤立感、社会的孤立など、つらい思いをしたことは多くの人々にとって共通な精神的な苦痛だったと思います。特に、今もその感情を思い出して怖くなるという気持ち、痛いほど理解できます。

その不安を抱えている自分を責めたり、何かが間違っていると感じたりすることもあるかもしれませんが、最初にお伝えしたいのは、それが自然な反応だということです。

孤独感や不安を抱くことは、決して異常なものではなく、人間としての健全な反応なのです。

社会的つながりが人間の基本的な欲求であり、心理学では「**社会的欲求**」と呼ばれます。人間は、他者とのつながりや友情、家族との関係を大切にします。そのため、人は孤独感を避け、社会的なつながりを求めることで心の安定を保つので。これが満たされないと不安や孤立を感じやすくなります。

ここで、「また同じような現象が起きたら……」と不安感に苛まれるのを予防する方法をお伝えします。

まず、孤独感や孤立感を感じたときに、そのような感情になってしまった自分自身を否定しないことです。これらの感情は、決して「弱さ」の象徴ではありません。むしろ、社会的な存在である人間として、孤独や孤立を感じるのはごく自然な反応です。

それを感じることは、人とのつながりを求め、相手と一緒に過ごしたいという強い願望を持っている証拠でもあります。

これを「弱さ」として捉えるのではなく、**「人間らしい感情」**として受け入れましょう。

コロナ禍での孤立は、多くの人々にとって予想外の出来事でした。そんな中でどれだけ耐え抜いたか、どれだけ自分の気持ちを保とうと努力したかを振り返ってみましょう。

その経験を通じて、自己肯定感が高まり、今後同じような状況になったときに、少しでも心が落ち着くように自分をサポートできるようになるとプラスの解釈をしてみてください。

次に、**意識的に「自分を大切にする時間」を増やす**ことです。

例えば、心地よい音楽を聴いたり、リラックスできる環境でゆっくりと読書をしたりすることで、心を落ち着けることができます。

また、日々の小さな喜びを見つけることも、自分を癒やす手助けになります。散歩をしたり、美味しい食べ物を食べたり、自分の好きなことに取り組むことで、ポジティブなエネルギーを再生することができます。

心の健康を守ることは、身体の健康を守ることと同じように大切なのです。

時間をかけて、少しずつ自分を取り戻していきましょう。

人付き合いの不安と葛藤

Q 在宅勤務が長引き、ある意味引きこもりのように人と会う機会も減ってしまい、人間関係や未来への漠然とした不安があります。

特に以前は交流していた状態から、長い期間、人との交流が途絶えてしまうと、心や感情には大きな影響を与えることがあります。

その不安を解消していくためにできることとして、まずは**自分の気持ちをしっかりと認識すること**です。

不安や孤独感があることを否定せず、その感情を自分でしっかり受け入れることが最初のステップです。感じている不安について、誰かに話すことでその重荷を少し軽くすることもできます。

もちろん、話す相手がいない場合でも、ノートに自分の感情をつづってみるだけでも気持ちが整理されることがあります。自分の中で何を不安に感じているのかを明確にすることで、次にどうしていくべきかを考える手助けになるのです。


次に、物理的に友人と会えなくても、デジタルを活用して関係を維持することができます。電話やビデオ通話、メッセージのやりとりを通じて、友人とつながることはできます。今はSNSやチャットアプリなどが普及しており、簡単に連絡を取ることができるため、直接会わなくても、気軽にコミュニケーションを取ることが可能です。

オンラインゲームを一緒に楽しんだり、お互いに興味がある話題でメッセージを交換したりすることで、物理的な距離感を感じることなく、心のつながりを保つことができます。

しかし、ただ連絡を取るだけではなく、相手の気持ちにも配慮しながらコミュニケーションを取ることが大切です。

コロナ禍とそれ以降で不安を感じているのはあなただけではありません。多くの人が同じように感じているため、同僚や友人がどうしているのか、どう感じているのかを聞いてみることもよいでしょう。自分の気持ちを共有することで、お互いの理解を深め、強い絆を築くことができます。思いやりのあるコミュニケーションは、関係をより強固にし、今後の絆を深める手助けとなります。

そして、不安を感じているときに重要なのは、未来に対する過度な心配を減らすことです。不安な状況や環境は変わっていくものだと信じて、目の前のことに集中することが大切です。未来に対する漠然とした不安にとらわれすぎると、ますます心が重くなります。

今できること、今すぐに試せることに意識を向け、少しずつ行動を起こすことが、心の安定につながるのです。

Q 友人に迷惑をかけて、「相手は私のことをどう思っているのだろう」と思って、悩んでしまいます……。

あなたが困っているのは、「相手は私のことをどう思っているのだろう」という不安ですから、ズバリその相手に聞いてしまってはどうでしょうか。

「迷惑かけてごめんね。実はどう思われているかな、と思うと悩んじゃって」と、素直に聞いてしまうのが、手っ取り早いと思いますよ。

たとえ相手が本心を言ってくれなくても、あなたが自分の気持ちを気遣ってくれていることがわかればうれしいはずです。

相手の気持ちがわからなくて不安なときは、正直に聞いてしまうのが一番でしょう。

もちろん、ちょっとの勇気は必要ですが、聞いてみないと人の気持ちはわからないものです。

Q どんな人とでも、仲良くなるにはどうすればいいですか？

残念ながら、すべての人と仲良くなるのは難しいかもしれません。

「仲が良い」というのがどのレベルかにもよりますが、「親友」と呼べる人は誰にとっても人生の中で一握りのはずです。

しかし、すべてとは言わないまでも、多くの人と仲良くなる方法はあります。

それは簡単なことですが、実行するには少し勇気がいるかもしれません。でも、ぜひ実行してみてください。

まず、職場や学校で顔を合わせる人に、「〇〇さん（くん）おはよう」と**相手の名前を呼んであいさつすること**です。名前を呼んでもらってあいさつをされて、嫌な気分になる人はまずいません。もちろん、帰宅するときにもできる限り名前を呼んで「お疲れ様でした」「さようなら」のあいさつをします。

そして他人をよく観察することです。

よく見ていると、誰にでも必ずいいところがあります。真面目に取りくんでいる、手際がいい、勉強ができるとか、スポーツが得意とかだけではなく、「人にアドバイスをしていて、優しいところがあるなあ」などの、小さなことでもいいのです。

人は、いいところを見てもらうことで自尊心が高まります。ですから、自尊心を高めてくれたあなたに好感を持つはずです。

それはほんの「ひとこと」でもいいのです。

名前を呼んでもらうこと、自分のいいところを見てもらえること、この2つは人間にとってもっとも気持ちのよいことです。
仲良くなりたい人だけではなく、すべての人に対して実践してみてくださいね。

Q 人に気を遣い過ぎてしまうことは、直すことができますか？

「人を気遣うこと」は悪いことではありません。物事にはすべて「よい面・悪い面」があり、表裏一体の関係です。

しかし、気遣い過ぎてしまうことで、あなたがしんどくなるのだとしたら、改善できる方がいいのでしょうね。

まず、「気遣い過ぎてしまう」ことの原因から整理してみましょう。

おそらくあなたは、対立や争いを望まず、平和にやっていきたい性格なのでしょう。対立するのを覚悟で自分を押し通すよりも、少々がまんしてでも波風を立てずおだやかに過ごしたい、そのようなタイプなのかもしれません。

平和主義でおだやかな性格です。しかし言い換えてみると、自己主張が少ないはずです。すぐさまはっきりと、「イエス・ノー」「好き・嫌い」など、言いたいことが言えずに、あとで後悔することがあり、そのような自分に自己嫌悪を抱いてしまいます。そのへんがあなたのつらいところではないでしょうか。

では、どうすれば改善できるのかということですが、自信が持てるように価値観を育てていくことが大切です。

自信が持てないと周りの目や意見が気になりますし、自己主張することで嫌われるのではないかと心配にもなるでしょう。

価値観とは、自分にとって大切なこととどうでもいいことは何なのか、ということです。そして**大切なことの中での、あなたなりの優先順位**です。

この価値観がはっきりしてくると、他人の目が過剰に気になったり振り回されたりすることが少なくなります。「自分は自分。他人は他人」と割り切ることもできるようになり、安定して他人の意見を聞くことができ、また自分の意見を主張することもできます。

しかし、**価値観を育てていくにはずいぶん時間がかかります。**

私の場合は、「これが自分にとって大切なことです」と言えるようになったのは、30歳ぐらいからだったような気がします。20歳を過ぎた大人でも、自信が持てずに悩んでいる人がほとんどと言ってもいいぐらいです。

価値観を育てるのには、いろいろな意見を聞き、体験をし、その中でまた悩みながら考えてようやく育つものです。だからそのぐらいの時間がかかりますし、あわててはいけません。

そして、あなたのような自己顕示（他人を押しのけてでも自己アピールする）をしない人が、しっかりとした価値観を育てたときには、もの静かでしっかりと安定した魅力的な人柄になると思います。未来の自分に期待してください。

ＳＮＳでの交流は意外と厄介

Q　ＳＮＳで友人たちの楽しそうな写真を見ると、「自分だけうまくいかない……」と孤独を感じてしまいます……。

ＳＮＳ（ソーシャル・ネットワーキング・サービス）には、私たちが日常で感じることをシェアし、他人とつながる素晴らしい側面があります。

友人たちの投稿を見て、自分だけが取り残された気分になったり、「自分だけうまくいかない」と感じたりすることは、非常に一般的な悩みです。

誰かが楽しそうにしている投稿を見ると、自分だけがその輪に入れないような気持ちになってしまう……そのような感情を抱くことは決しておかしいことではなく、むしろとても自然な感情であるということを理解しましょう。

心理学では、「社会的比較理論（Social Comparison Theory）」と呼ばれる理論があります。この理論は、**自分自身を他人と比較することによって、自分の状態や能力、価値を評価しようとする傾向がある心理状態**を説明しています。

この比較は、「下方比較」と「上方比較」の二つの方法に分かれます。

下方比較とは、自分よりも劣っていると感じる人と比較することで、安心感や自己評価が向上し、自分の現状に満足感を覚える傾向があります。

上方比較とは、自分よりも成功していたり、よい状況にあったりする人と比較することで、比較対象者の優れた点や長所を見つける一方、自己評価が低くなり、うらやましさや劣等感を抱く傾向があります。

今回のように、他人と比べて、「自分だけうまくいかない……」と孤独を感じてしまう人は、上方比較をしているということになります。

特にSNSは、「見せたい瞬間」を切り取ってシェアしているものなので、見た人がうらやましく感じるのは必然的な感情でもあります。

この場合、まず**SNSで見ている他人の生活の大部分は、その人の現実の一部分であり、あくまで「編集された現実」に過ぎない世界であると認識すること**が大切です。誰もが自分の楽しい瞬間やよい出来事をシェアしますが、問題や失敗、悩みをわざわざ投稿することは少ないものです。

ここを理解することで、他人と自分を比較することが少し楽になります。「自分だけが取り残されている」と感じるのは、その投稿があたかも他の人は順調に行っているかのように見えるためですが、それがすべてではないことを覚えておきましょう。

また、SNSが引き起こす孤独感や焦燥感の原因の一つは、自分の人生と他人の人生を過度に比較してしまうことです。

人はどうしても他人と自分を比べてしまいますが、他人の成功や楽しさが必ずしも自分の人生にとっての基準になるわけではありません。

自分自身の価値は他人の生活と比べることで決まるものではなく、自分がどう感じ、何を大切にしているのかによって決まるものです。

あなたが友人の投稿に対して「自分だけうまくいかない」と感じるのは、自分を他人と同じ基準で測ろうとするからです。他人の生活の基準があなたの生活の基準である必要はありません。

他人との比較の影響を軽減するためには、まず自分の感情を認識することです。「今、私は孤独を感じている」「みんな楽しそうに見えるけど、私はその中に入れていない」という感情を持つこと自体は悪いことではありません。

大切なのは、その感情を否定せずに受け入れることです。

その感情がどこから来ているのかを考えてみます。本当に他の人の投稿が原因なのか、それとも他のことがきっかけで孤独や不安を感じているのかを自分に問いかけて、その感情の本当の理由を探っていきましょう。

そして、なにより**自分の人生における小さな幸せを見つけることが大切**です。

他人の成功や楽しさを見ると、自分がその中に入れないように感じてしまうかもしれませんが、実際には自分の周りにも素晴らしい瞬間はたくさんあります。自分が小さなことで喜びを感じることを意識的に探してみましょう。

Q 友人がSNSや自分だけ入っていないLINEグループで自分の悪口を言っている気がします。もしかしたら自分が嫌われているのかもと不安になります。

SNSやLINEグループで自分が外されていると感じたり、人が自分の悪口を言っていたりするのではないかと不安になるのは、誰にでも起こりうる心の葛藤です。孤独感や自己価値の低下を感じることがありますが心理学的なアプローチを取り入れて、少しでも心が軽くなる方法を紹介します。

最初に「**認知の歪み**」があることを理解しましょう。認知の歪みとは、物事を過剰に否定的に考えてしまう思考パターンのことです。例えば、「自分がグループにいないから、みんなに嫌われているに違いない」という考え方は典型的な認知の歪みです。

この思考が原因で不安や自己嫌悪を感じることになります。しかし、この考え方には根拠が欠けている場合が多いのです。実際には、グループに外されているのは単なるタイミングや、誰かが急につくったグループに参加していないだけの場合もあります。自分の考えが過剰に否定的になっていることに気づいて、少し状況を考え直してみよう。

次は、「証拠に基づく思考」を取り入れることです。**自分が悪口を言われていると感じる**

理由は、直接的な証拠がないことが多いです。

もし本当にそのようなことがあった場合でも、その事実を自分で確認するまでは推測の段階です。一度、自分の心を落ち着けて冷静になり、「本当にそうか？」と問いかけてみましょう。証拠がないまま一人で不安を抱えるのは、実は自分自身を不安にさせるだけで、現実的な解決にはつながりません。

どうしても自分がグループから外されていることで不安を感じるのであれば、その不安を自分一人で抱え込まず、信頼できる友人に素直に話してみることも一つの解決策です。「最近、グループに入っていないことが気になっているんだけど、何かあったのかな？」という形で、疑問を率直に伝えることで、無用な不安を解消できるかもしれません。

友人に相談するときは、感情的に訴えるのではなく、冷静に自分の気持ちを伝えることです。自分の感情に正直でいることが大切ですが、同時に相手の立場や状況も理解しようとする姿勢を持つことが、建設的なコミュニケーションにつながります。

一方で、SNSやLINEグループに過剰に依存しないことも大切です。SNSは、他人の投稿を見て自分と比較してしまう場面が多いため、自分を過剰に責め、価値がないと思ってしまう原因となることがあります。

もっと**自分自身の価値を理解することが必要**です。自分が好きなことや得意なこと、誇れる成果を振り返り、その小さな成功を積み重ねていくことで、少しずつ自分の価値を再認識できるようになります。

もしグループの外にいると感じた場合でも、それが必ずしも「嫌われている」ことを意味するわけではありません。人間関係にはさまざまな事情やタイミングが関係していて、時には一時的に距離を置いたり、他の理由で外れてしまったりすることもあります。

自分が置かれている状況を冷静に考え、**無理に他人の行動を自分の価値に結びつけないことが、心の安定につながります。**

Q 自分の投稿だけに反応が少ないと、あまり友人に興味を持たれていないいんじゃないかと感じて、ちょっと悲しくなります。

SNSの投稿に反応が少ないと、どうしても「自分は友人に関心を持たれていないのではないか」と感じてしまうことがあります。しかし、自分の価値を疑ったり、悲しくなったりする必要はありません。

SNS上の反応の少なさには、いくつかの理由があります。そのことを理解することが、心の安定を保つために欠かせません。

まず、SNSの「いいね」やコメントは、投稿を見た人の状況やタイミングに大きく左右されます。例えば、友人が忙しい時間帯に投稿したり、フォロワー数が少なかったりする場合、その投稿に目が留まること自体が少ないかもしれません。

つまり、反応が少ないのは、単に「見てくれる人が少なかった」や「そのタイミングで反応できなかった」といった外的な要因に過ぎないことが多いのです。

SNSは、多くの投稿であふれているため、反応が得られないことを個人の価値や関心のなさと結びつけて考える必要はありません。

また、SNSで反応をもらうことは、あくまでその投稿に対する感想をシェアする場です。その反応が少ないからといって、自分に対する評価を意味するわけではありません。実際、**SNSで活発に反応をし合うことと、実生活で親しい関係を築くことには大きな違いがあります。**

ＳＮＳの反応が少ないからといって、現実世界での友情や関係が薄いわけではないのです。

反応が少ないと感じたときに、自分自身がどうしてその投稿をしたのかを再確認することも大切です。例えば、友人との思い出をシェアしたり、自分の考えや感情を伝えたかったり、単に何かを記録しておきたかったりすることが、その投稿の目的であるならば、他者の反応が少なくても、その行動自体には意味があります。反応よりも自分が何を伝えたかったのか、その気持ちを表現したことに価値を見出すことです。

人は誰しも、他者とのつながりを感じることで安心感や喜びを得るものですが、ＳＮＳの反応はそのつながりを示すものではなく、単なる一つの通過点にすぎないことも理解しましょう。すると、無理に「いいね」やコメントを求めることも少なくなります。

ＳＮＳに投稿すること自体が自己表現の手段として捉え、他者の反応に過剰に期待せず、自分がどんな気持ちでそれを発信したのかを再確認してみましょう。

Q ネットゲームにはまっているのですが、ゲームはあまりよくないという話を聞きました。心理学で考えても、やっぱりよくないのですか？

そうですね。心理学というよりも、脳科学で言われるところによると、ゲームはかなりのダメージになるとのことです。

特にシューティング（射撃）ゲームや、戦闘ゲームなどの刺激の強いゲームをやり続けると大変なことになるというデータがあります。しかも高性能のハードやソフトによって、ものすごいリアリティを体験できますので、刺激はさらに強いものがあります。

これらの刺激を脳が受けることによって、脳内では多量のドーパミンという物質が分泌されます。このドーパミンという物質は、ヘロインやスピードなどの覚せい剤を使ったときに脳内で分泌され、快感を味わうものです。

もちろんゲームをすることで法律を破ることにはなりませんが、脳内では覚せい剤を使ったときとほぼ同様の状態になっているということです。ですから脳科学的、医学的にみても大変なことが起こっているということになります。

ゲームだけではなく、インターネット上にはさらに刺激的なコンテンツや情報が、世界中から居のままにして得ることができます。それが「ネット中毒」と言われるものですが、これらのゲーム中毒やネット中毒は依存症ですので、やはり覚せい剤と同様に、『続けるのも地獄、やめるのも地獄』の状態になります。

さらにこの状態は「現実感覚を麻痺させる」ことにもなっていきます。

もちろん、そんな快楽を与えるような刺激ではない、学習ソフトや囲碁、将棋、チェスなどは脳内で過剰なドーパミンが分泌されませんので問題ではありません。

問題となるのは、〝過剰なドーパミン的快楽を脳にもたらす刺激〟です。ですからそのようなゲームやネットは大きな危険性があると考えてください。（参考図書：『脳内汚染』岡田尊司著　文藝春秋）

Q 寝る前にスマホを見てしまい、睡眠不足になりやすくて……。

こちらもさきほどの答えと同様に脳科学の観点からすると、スマホを見ることで脳が過剰に刺激され、眠りに入る準備が整いづらくなるといわれています。

まず、ブルーライトの影響についてから説明します。ブルーライトは、スマホやパソコンなどの画面から発せられる青白い光のことです。

このブルーライトが目に入ると、「メラトニン」と呼ばれる睡眠ホルモンの分泌を抑制する作用があります。メラトニンは夜に分泌され、身体をリラックスさせて眠気を誘うホルモンです。

しかし、ブルーライトを浴びることで、メラトニンの分泌が妨げられ、寝つきが悪くなり、深い睡眠に入ることも難しくなるのです。

次に動画の場合、動画には視覚的な動きや音声があり、これらの要素が脳を活発にさせ、ドーパミンなどの神経伝達物質が分泌されます。この分泌が過剰になると、リラックスして眠りに入ることが難しくなるのです。寝る直前に強い刺激を受けると、脳が「活動モード」に切り替わり、休息や回復に必要な「休眠モード」へとスムーズに移行できなくなります。

さらに、動画にはエンターテイメント性があり、視覚的・聴覚的に脳を興奮させる内容が多いため、刺激的な感情を引き起こすこともあります。これにより、身体がリラックスできず、就寝後も覚醒状態が続くことになります。

特に感情的な刺激が強い内容は、寝る前に見ることを避けるべきです。

質の悪い睡眠は、次の日の集中力や生産性を低下させ、心身の健康に影響を及ぼします。

このような理由から、寝る前に動画を見ることは、睡眠の質を低下させ、翌日の疲れを引き起こす原因となる可能性があります。理想的には、寝る1時間前からスマホを見ないようにし、リラックスできる活動（読書や深呼吸、軽いストレッチなど）に切り替えることがおすすめです。

恋は罪？　恋愛の不安と悩み

Q　男は絶対に浮気するって本当ですか。

　まず、動物学的にオスは、浮気をするということになるようです。動物の本能には「種の保存」というものがあります。これは自分が死んでいなくなっても、自分の種族を継続させていくという本能です。

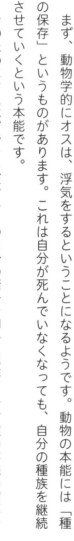

　そのためにオスは、できるだけ多くの自分の精子を卵子に受精させ、種の存続の確率を上げる必要性があります。しかもメスとの相性もありますから、できるだけ多くのメスに受精させることで、さらにその確率を上げようとするものです。
　人間ももちろん動物の一種ですから、その本能はＤＮＡにインプットされています。簡単ではありますが、これが動物学的には人間も浮気をする可能性があるというものです。

しかし人間は「まんま動物」ではありません。その本能を踏まえた上で制度や法律を設け、トラブルが起こらないように対処してきました。

まず結婚という制度は、全世界的に採用されていますが、一部の国を除いて「一夫一婦制」です。これは結婚という社会的な取り決めをし、周囲にも承認されたら、「二人は互いに信頼し尊重し合い、家庭という単位を安定して経営していく義務と責任がある」というものです。

その中で浮気は法律に触れ、罪に問われる国もあるようですが、日本では刑法には触れません。ただし、「倫理」という枠組みで見ると妻（夫）を心理的に傷つけ、家庭不和のもとになるという観点から非難されますし、軽蔑もされます。

夫が浮気をしていることを承知で、「行ってらっしゃーい」という妻はまずいないはずです。このようにパートナーを深く傷つけ、信頼や愛情を損ない、家庭不和にすることから、浮気は「不倫」つまり倫理を違うことになるわけです。

そこであなたの質問に対する、私なりの回答ですが、「オスは浮気をするものである」、しかし「人間の男性は動物とは違い理性を働かせ、結婚の意味を意識し、パートナー（妻）の心情を大切に想いながら、協力して子どもを温かく育むものである」ということです。ただし、たまに「人間としての男性」が「オス」の要素に負けてしまう人がいることも事実です。あるいは心理的な不満を浮気で解消しようとする弱い人がいることも事実です。でも「絶対」ではないこともまた事実です。

Q 恋って罪ですか？

これは興味深い質問です。表現が詩的でさえあります。
まずはあなたも知っている通り、恋をしたから犯罪になることはありません。
ただ、私個人的としては、「恋は罪だ」と思います。
まず、恋は苦しいものです。その人のことで頭の中がいっぱいになって、胸がはりさけそうになって、仕事も勉強も何も手につかなくなってどうしようもなくなります。「こんなに苦しいのなら恋なんてするんじゃなかった」とさえ思うかもしれません。

その人が自分を見てくれたらうれしくなり、他の異性と話しているところを見たら嫉妬心で心がかきむしられるような気分になります。その人のことが好きで、顔を見たくて、声を聴きたくて、手をつなぎたくて、独占したくて、○×◇#★※（ここでは書けません）。もうフツーの状態でいられなくなります。その人を守ることができるなら、世界中を敵に回してもいいような気分にさせます。１００メートル走を10秒切れそうな気にさせます。やっぱり恋は罪です。

でも、胸がかきむしられるような切ない気持ち、そして、熱い気持ちにさせてくれるから恋はすばらしいものです。喜怒哀楽の情緒を感じるからこそ、〝生きている〟という実感を味わうことができます。

そして、その相手と結ばれて家庭を持つと、実はいろいろと面倒な問題が出てきます。言い争いのケンカにもなるかもしれません。一時は顔を見るのも嫌になるかもしれません。「もう別れちゃおうか」なんて考えることもあるかもしれません。

それでも実は、心の中には凍結していた「あの恋心」が、しっかりと宿っているものです。それはふと思い出したときに溶け出して、大切なことをまた思い出させてくれるものです。よくない感情的な思いをいさめてくれるでしょう。「なんやかんや言っても、やっぱり一緒に人生を歩いていこう」なんて。熱烈な恋はすばらしいものです。

恋は罪です。人生に戸惑いと喜びを与えてくれます。

Q 愛とは何ですか？ 愛とは生きる理由ですか？

これもまた、哲学的な質問です。明確に答えられるかどうかわかりませんが、チャレンジしてみましょう。

「愛」とは何でしょうか。このことを考えてみるために、まず「恋」について考えてみましょう。

恋は、異性に対して持つ素敵な感情です。相手の容姿に憧れ、性格にひかれ、声を聴きたくなり、独占したくなり、その人のことが頭から離れなくなります。特に、思春期の恋愛は、激しい感情を伴うだけに楽しくもあり、同時に勉強など何も手につかなくなるぐらいに、苦しくもあります。

そして、ここにあげて見たように、「恋」は容姿、性格、声など相手の「所有しているもの」に憧れ、魅かれる感情です。つまり、相手の持っている「何か」が、あなたの好みに当てはまり、それをいつも自分のものにしたいという思いです。

では、「愛」とは何でしょうか。愛は、恋のように「容姿、性格などの相手が所有しているもの」に憧れ、ひかれることではありません。

愛は、そのような**自分にとって都合のよい条件（自分の好みの容姿や性格）を満たさなくても、相手を受け入れ大切にすること**です。

つまり、**無条件で相手を受け入れ、大切にすること**です。

「恋」はとても素敵な感覚です。ワクワクし、ドキドキし、舞い上がるような高揚感があります。「愛」は、恋のような高揚感はありませんが、静かにゆったりと、心を温めてくれます。

「恋」と「愛」のどちらがよくて、どちらの方が重要なのかはわかりません。「恋」は、二人をひきつけるためには欠かすことのできない要素です。しかし、ひきあった二人にとって、次に大切なことは「愛」なのかもしれません。

人はみな、欠点や弱点を持っています。最初は、自分の理想に見えていた相手も共に過ごすうちに、今まで見えていなかった部分に嫌でも気づくようになります。それは、自分にとっては都合の悪い、相手の欠点や弱点でしょう。

しかし、それでも相手を受け入れ、大切にしようとすることが「愛」というものです。人に対する愛、夫婦愛、家族愛など、私たちは身近な人と分かち合う愛によって支えられています。**「愛」は、条件を押しつけて、あなたに何かを求めてはきません。**

「あなたが大好き。あなたを心から受け入れ、愛しています。なぜなら、あなたがあなた自身であるから」（I Love You, Because You Are You）

これは、心理学者カール・ロジャース博士の言葉です。

人には無条件の愛情があるから、失敗や挫折、自己嫌悪や孤独を乗り越えていけるものです。

「愛」はなくてはならないかというと、「愛がなくては、きっと生きていけません」と私は言わざるを得ません。

なぜなら、お金があっても、豪邸に住んでいても、ベンツやロールス・ロイスのような車を所有していても、みんながうらやむような美男・美女と結婚していても、「無条件の愛」がなければむなしい人生だと思うからです。「あなたがお金持ちだから、あなたがすごい家に住んでいるから、あなたがいい車に乗っているから、あなたが美男・美女だから」などの理由だけで好かれて、あなた自身を愛してくれないのだとしたら、寂しいはずです。

理由もなく優しくしてくれる友人がいるから、生きていける。

理由もなく気にしてくれる人がいるから、生きていける。

理由もなく愛してくれる家族がいるから、生きていける。

それが人というものだと思います。

だから、人は失敗しても、欠点や弱点があっても、自分のことを嫌いになることがあっても、それでも、自分のことを自分で受け入れて生きていけると思います。

だから、**「愛とは、生きる理由」かもしれません**。

あなたにお願いしたいのは、「だから、理由もなく、友人や、人や、家族を大切にしてあげてほしい」ということです。

Q

彼女に夢中で仕方がありません。どうすればいいのでしょうか？

恋愛はすばらしい感情です。彼女に夢中になれる熱い思いは、うらやましいぐらいです。でもおそらくあなたは、苦しさも感じているのでしょうね。恋愛感情はとてもここちよい反面、とても苦しいものです。好きな人のことがいつも頭から離れずに、顔や姿を想像してしまいます。

スポーツなど身体を動かしているときはそれほどでもないのですが、特に仕事や勉強をしているときなど、ふと息抜きをすると思い出してしまい、その顔や姿が頭から離れなくなります。目の前のことに集中しなければいけないとは思いながらも、なかなか集中できずに焦るばかりです。

そして独占欲も強くなり、いつも一緒にいて独り占めしたくもなるでしょう。当然、他の異性と話しているところを見ると嫉妬を感じて、独占欲はいっそう強くなります。

そうするとさらに他のことに集中できなくなり、また焦るばかりです。特に自分に強い自信がない場合には、この独占欲と焦りは強くなります。恋愛は苦しいものです。

さて、現実問題として、仕事や勉強などに集中できなくて困っているのであれば、「ここまでできたら、自分へのごほうびに彼女のことを5分間思い出そう」というように、がんばるための原動力にするのはどうでしょうか。

「思い出してはいけない」というのは無理な話ですし、余計に思い出してしまい焦る一方です。だから思い出して想像してもよいのです。

自分へのがんばったごほうびに、恋愛感情を楽しんでください。

きっと、今までよりもがんばれるかもしれません。

第4章

自分の価値がわからない悩み

自分を好きになれないのはなぜか

Q 好きな人がいるのに、自分が好きではありません。どうすれば自分を好きになれますか？

誰かを好きになるということは、あなたから見たその人のよいところを意識し、心地よさを感じるということです。

それは相手の容姿であったり、または性格であったり、あるいはスポーツや勉強が得意なことであったりします。異性に対する恋愛感情であっても、同性に対する憧れの感情であっても、とてもすばらしい感情です。

さて、ここでの質問は、「どうすれば自分を好きになれるのか？」ということですが、自分を好きになれないとすれば、「自分のよいところを意識できない」ということです。

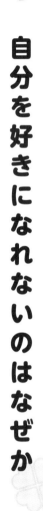

さらに「自分の嫌なところ」にばかり意識がいってしまうと、自己嫌悪になります。

このように自分のことを好きになれないときや、自己嫌悪になるときは、自分に対する理想が高く、今の自分とのギャップが大きくなっていることがあります。

自分に対する期待があるということは、とても大切なことです。

しかし、自分に厳しすぎるのはよいことではありません。自分の嫌なところばかり意識しすぎると、どんどん自信をなくしてしまうからです。

ではどうすればいいのかというと、**今日の一日でよかった出来事や自分がやれたことなどを、夜寝る前にでも思い出して整理してみることです**。それは大きなことではなくてもいいので、小さなよかったことを思い出して自分の中に積み重ねてみてください。

いきなり自信を持って、自分を大好きになる必要はありません。ちょっとずつ自分を好きになっていくことが大切なことです。

誰かを好きになることと同じように、自分のよいところを意識することで自分も好きになっていけます。

Q 調子が出ないときには、人にうまく絡めません。自分になかなか自信が持てず、どうしたら明るい人間になれますか？

理想はいつでもみんなにうまく絡み、楽しませることができればいいのですが、あなたの言う通り調子が出なくて空回りしてしまうことがあります。みんなの話題にうまく入りこんで、雰囲気づくりのリーダーシップを取れないこともあるでしょう。

そんなときは話を聞いていて「おもしろいな」、「すごいな」と思うときに「へえー」、「ほんとに」、「マジで！」、「すっげえな」などの**「合いの手」を入れる**ことです。

自分が会話のリーダーシップをとれなくても、合いの手を入れることで場の雰囲気は盛り上がりますし、話している相手もうれしいはずです。すると**あなたが主役ではなくても、あなたの存在感は大きくなります**。これは多数での会話から、一対一の会話でも有効ですからぜひ使ってみてください。

そして、「明るい人間になりたい」ということですが、常に自信満々で明るい人というのもいないかもしれません。

私自身もそうなのですが、物事がうまくいっているときは自信が持てて、明るく考えて振る舞えるのですが、仕事や家族とのコミュニケーションでうまくいかないときはたくさんあります。そのときには落ちこんで自信を持てなくなったりしますし、明るく振る舞えなくもなります。それはどんな人でも同じだと思います。

ではそのような時はどうするかというと、まず**うまくいかなかったということを認めるしかありません。**認めることはつらいことですし、落ちこみもします。それを無理やりにでも明るく考えるというのは不可能です。だから**落ちこんでもいいのです。**

しかし今はうまくいかないことや、できないことがたくさんあっても、確実に能力は伸びていきますし、やがては自分にいちばん適していて、誰よりもうまくできることを発見するときがきます。

そうなると自信が持てて、自然に前向きに明るく振る舞えるようになります。

「明るい人」とは、今の自分を受け入れ、未来の自分に期待を持つ、ということではないでしょうか。

Q 自分を好きになるためには、どうすればいいでしょうか?

「自分を好きになること」は、恋愛にとっても結婚生活でも、友人関係でも、とても大切なことになってきます。

心理学では、「**自分を愛せる程度にしか、他人を愛することはできない**」という考え方があります。それはなぜかというと、自分を好きな人は、自分のよいところをちゃんと知っているし、自分のダメなところも知っていて、それもつらいけれど許すことができている人です。

そのことは、他人に対しても同じ姿勢が表れます。「**自分を愛せる人**」は、**他人のよいところをちゃんと見ています。そして欠点があったとしても、「自分だってダメなところがあるのだから、相手にだってあるよね」と、許すことができます**。そういった意味においても、**自分を愛し、自分を好きであることは大切なこと**です。

さて、ではどうすれば自分を好きになれるか、ということを考えていきましょう。

まず、「自分を好きな人」の代表例はどのような人かというと、「容姿がよくてモテる人」

「仕事ができる人」「勉強の成績がよい人」「スポーツにおける能力が高い人」など、一般的に評価の高い人がわかりやすい例です。これらの人たちは、「自分は他の人と比べて優れている」という優越感を持つことができることによって、自己評価も高いはずです。

でも今現在、容姿に自信が持てず、成績もよくなく、スポーツも苦手だという人は劣等感を持っていて、自分のことが好きになれないのかもしれません。

しかし、そういった優越感や劣等感は一生涯続くものではありません。

若いころは容姿の面で人気があっても、大人になるとさほどでもなくなる人がいますし、逆に大人になってびっくりするほどかっこよくなる人、美しくなる人がいます。

勉強の成績がよかった人も、そのまま高い成績をキープしてエリートとして輝く人もいますし、志望校に入ったものの燃え尽きてしまう人もいます。逆に学生時代の成績はさほどよくなくても、やりがいのある仕事を自分で見つけて輝いている人もいます。スポーツの能力が高い低いも、社会人になりプロフェッショナルの道に進まなければ、あまり関係がなくなります。

つまり、他人から高い評価をもらって、優越感を持つことは、自分を好きになる簡単な方程式かもしれませんが、言い換えてみると「他人の評価で自分が決まる」ということでもあります。そう考えると、他人の評価で自分のことを好きになったり、嫌いになったりという世界で生きている人は多いのかもしれません。

しかし、それがすべてではないことを知ってほしいと思います。

以前知り合った男性で、ボランティアをしている人がいました。彼は20歳で、職業はテニスプレイヤーです。テニス・スクールで教えながら、トーナメントにも出ているようでした。180センチ以上の長身で、アメリカ人のお父さんと、日本人のお母さんから誕生したハーフの美男子です。

しかし彼には悩みがあって、それは「自分を好きになれない」そして、「自分がこの世に存在していてはいけないのではないか」という悩みでした。

詳しい事情を聞いてみると、両親は彼が幼いときに離婚していて、おばあちゃんに育てられたそうです。もちろん、当時のお父さんとお母さんにはどうしようもない事情があって、やむを得ず離婚し彼を育てることができなかったのでしょう。彼自身もそれは理解していて、仕方がないのだと言っていましたが、こうも言っていました。

「両親には事情があって、私を引き取って育てることができなかったことはわかっています。でもね、林先生。私は結局お父さんにもお母さんにも必要とされなかったのです。私は愛されなかった。私は生まれてこなければよかった。一生懸命に私を育ててくれたおばあちゃんには申し訳ないけれど、私なんか存在しちゃあいけないんだって、心が叫んでどうしようもなくなることがあるのです。そんなときは周りの人にわがままを聞いてもらって、ボランティアに行かせてもらうのです」

「ところで、どんなボランティアに行くの？」と聞いてみると、

「特別養護老人ホームに行かせてもらい、おじいちゃん、おばあちゃんが使ったオムツを洗うボランティアなんです」

この話を聞いたとき、正直に言うと私は驚きました。

おそらくはつらい仕事なのでしょう。容姿も文句なくかっこいい、テニスプレイヤーの青年がそのボランティアをしていることのアンバランスさと、人の悩みは外からは見えず、さまざまな悩みが存在することに驚いたのです。

彼はさらに教えてくれました。

「おじいちゃん、おばあちゃんのオムツを洗っていると、その施設の職員さんが私に声を

かけてくれるのですよ。『お兄ちゃん、また来てくれたんだね。助かるよ、ありがとう！』そしておじいちゃん、おばあちゃんの中にも私の顔を見て声をかけてくれる人がいる。『こんな私でも、誰かの何かの役に立てる。人に喜んでもらえることができる』そう思うと、ちょっとずつだけど、自分のことが好きになれる。こんな私でも存在していていいんだって思える。だからね、私はボランティアを『してあげている』なんて思えなくて。私にとっては『自分を取り戻すためにさせてもらっている』のです」

自分を好きになる方法は、いろいろあるのかもしれません。でもその中でも大切なことは、「身近な人をちょっとしたことで助けてあげて、その人たちが喜ぶ姿を見る」ことだと私は思います。

あなたのすぐそばにいる同僚や家族、友人をちょっとしたことでいいので助けたり、手伝ったりしてみてください。人を助けたり、喜ばせたりすることのできるあなた自身を、きっと好きになれるはずです。

Q 林先生は自分が好きですか？

ひと言で表現するのは難しいです。なぜかと言うと、「自分のことを好きか、嫌いか」という観点で、自分のことを見ていないということだと思います。

まず、人は誰でも自分のことが大切です。大切だからこそ、自分の弱いところ、できないところに気づいたときにガッカリします。それが自己嫌悪です。

できれば自分は優秀で、容姿もよくて、人付き合いもうまく、他人と比べても自慢できるような自分でありたいものです。理想的とは言わないまでも、自分に対する期待は誰にでもあると思います。

でも現実は、「自分に対する期待」とはかけ離れているものです。その「現実と期待とのギャップ」を受け入れることができずに、大いに落胆し、自己嫌悪になります。

私も思春期には、よく自己嫌悪になった記憶があります。他人と比較して、飛び抜けて能力が高いものもなく、女子から特別にモテたわけでもなく、だから根拠のある自信など持てなかったものです。そのくせ自分に対する期待だけは高かったので、ちょっとしたことでうまくいかないと、よく自己嫌悪になりました。

そのころは、「好きか、嫌いか」という観点で振り返ると、自分のことを嫌いになることのほうが多かったのかもしれません。

でも今や大人になり、ある意味で自分をあきらめています。「あきらめる」とは、自分に愛想をつかし、「もういいや」と自暴自棄になることではありません。自分をある程度、客観的に知り、「自分にできること」と「自分にできないこと」を認めること。ありのままの自分を〝あきら〟かに〝認める〟ことです。

誰にでも必ず、「できること」や「よいところ」や「すばらしいところ」があります。でも現実はなかなか自分の、「よいところ」が発揮されていなかったり、気づいていなかったりするものです。だから、よほど仕事や学力やスポーツで能力を発揮できている人や、容姿がよくてモテる人でもなければ、胸を張って「自分のことが好きです」とは言えないでしょう。

しかし、いろいろな経験を積み、日々あきらめずに目の前のことに取り組んでいくと、必ず「あなたにできること」や「よいところ」や「すばらしいところ」が発揮されるようになります。

そうすると、その「自分のよいところ」に焦点を当てて自信とし、「欠点や弱点」は謙虚に見つめ成長課題として、自分のことを全体的に「受け入れること」ができるようになります。

この、「全体的に自分のことを受け入れる」ということは、「好きか、嫌いか」という感覚ではなく、もっと落ち着いて自分のことを見つめることができるようになるということです。そうすると「自分を嫌悪して苦しむ」こともなくなり、ずっと「楽になる」わけです。

Q なぜ先生のような人は、自分の考えに自信が持てるのでしょう。（講演会で話している私が自信たっぷりに見えたようです）

実は決して自信があるわけではないのですよ。人は、「これで間違いない」と信じていても、間違うこともあるし、自分のその考えが変わることもあります。

大切なことは、**「世の中で、〝正しい〟こと」なんてないのだと、わかっていること**です。

もし〝正しい〟ことがあるとしたなら、それは倫理（人を殺してはいけない、自殺をしてはいけない、人をわざと苦しめたり、不幸にしたりしてはいけない……など）と、道徳

（身近な人を大切にしよう、困っている人を見たら助けよう、嘘はつかないようにしよう、礼儀正しくしようなど）くらいのものだと思っています。

私の講演会などでの仕事は、これらの「倫理観や道徳観を大切にしよう」というところにすべて結びついていく話をする役割なので、ある意味においてすごくシンプルです。倫理観や道徳観は、社会環境や時代が変わっても、そんなに揺らぐものではないので、講演会では〝はっきりと言い切る〟ことができます。だからあなたは、「自信を持っている」と感じてくれたのでしょう。

しかしこの、「倫理観や道徳観」以外は、社会や時代の変化によってコロコロ変わるものが大半です。

例えば20世紀においては、「お金をたくさん稼ぎ、力を持っている人が尊重される」という、アメリカ合衆国から影響を受けた価値観を、たくさんの人が持っていました。しかし、21世紀に入り「ぜいたくな生活や豊かな社会環境でも、心の病気になる人がかえって増えてきた」ことによって、その価値観は揺らぎつつあります。

これは、「本当に大切なことは物やお金の豊かさだけではなく、心の豊かさである」という、価値観の大きな変化が多くの人の中で起こっているということです。もちろん、どちらの価値観が正しいということはありません。

そして社会や時代によって変わるだけではなく、同じ社会や時代に生きていても、個人の事情や立場によっても違ってきます。子どもが病気になったけれど、お金がなく手術を受けさせてあげることができない人にとっては、何を差し置いてもお金を稼ぐことが優先になります。

わが子が描いている夢を、自分の人生経験から判断し、あきらめさせてしまう親がいます。しかしそれはわが子が大切でかわいいがゆえに、子どもの能力を予測したときに、もっと安全な可能性の高い道を歩かせてあげたいという「親心」です。

そしてその判断が、後にどのような結果になるかは誰にもわかりませんし、その子にとってよいか悪いかなどもっとわかりません。もしかすると少ない可能性でも夢に向かってチャレンジして成功するかもしれませんし、夢をあきらめ親のアドバイスを参考にして違う分野で大成するかもしれません。

つまり**倫理・道徳以外は、「正しい・正しくない」もありませんし、どんな人でも間違うことが大いにある**ということです。もちろん私もその一人です。

だから妻や子ども、仕事関係の人に何かを言うときにも、「常に自分は間違う可能性がある」ということを意識しています。そうすることで人の意見に耳を傾けることができますし、それらを取り入れて自分が変化や成長をすることもできます。だから、**「自分を疑ってみる」ことも大切なこと**です。

でも常に自分を疑い続けていては、一歩も進むことができません。だから自分を疑いながらも、「今はこの道が正しい」と考えるのであれば、そのときには自分を信じて突き進めばいいのです。

もし、その結果がよくなかったとしても、あなたの決断と行動にはすごい価値がありま す。それは「正しい・間違っている」ではなく、「自分を信じて、決断したという、人として成長する価値」です。

そのあなたの選択は、「成功」するかどうかはわかりませんが、「成長する」ことは確かなことです。

自分の価値はどこにある？

Q 家では本当の自分を出せるけど、外に出ると出せません。

職場や学校は、家族とは違う「他人と過ごす時間と空間」です。みなさんにとってそれは「社会」です。

社会で順応するためには、ルールやマナーを守ることはもちろん、周囲の人とのかかわりでもバランスを取ることが必要になります。

ですから気を遣い、相手の表情を見たり、自分の言動が周囲の人にどういう影響を与えていたりするのかを感じ取りながら生活をしているはずです。職場や学校は、意外とストレスがかかるものです。

でも**家でのあなたも、家以外のあなたも、それはどちらも「本当の自分」**なのです。

ただ、家ではリラックスしていて、特に気遣いもそんなに要求されない場合のあなたです。外ではその社会に順応するために、気を遣いながらがんばっている場合のあなたです。

その場面と一緒に過ごす人によって、あなた自身を使い分けているだけです。

そして関わる人によっても、さまざまな自分を感じるようにもなるでしょう。

ある人といるときには明るくて無邪気な自分。でもまた違う人と関わるときには、緊張して、うまく自分を表現できない自分。関わる人によっても引き出される自分は違ってきます。

私もときどき、いまだに自分がわからなくなることがあります。

「一体、本当の自分はどれなのだろう?」とさえ思うことがあります。でも、「本当の自分」はどこにもいなくて、相手と場面と自分の役割によって、その都度対応するために自分は変化しているということなのでしょう。

しんどいときもあるけれど、いろいろな自分を楽しんでみるのもいいことですよ。

Q 最近自分がわからなくなります。自分の気持ちに素直になれなくて。気を遣っちゃったりするのですが、こういうときってどうすればいいのですか？　中学生になってこう思うことが多くなりました。

小学生までは「好きか」「嫌いか」という感情を優先して友人を選び、また接してきたはずです。しかし中学生になったあなたは、好き嫌いの自分の感情だけではなく、互いの立場（表面だけでも仲良くしといた方がいいだろう）、周囲とのバランス（その友人のまた友人との関係）などを考え、言動するようになっているはずです。

あなたが自分の気持ちに素直になれなくなっているのではなく、それは紛れもなく、あなたが大人に近づいたということです。

もちろん感情だけで付き合うよりも疲れますが、小学生までのように感情だけで友人を選んでいると人間関係が狭くなりますし、自分の価値観も広がりません。そして気を遣わない分、トラブルが起こることもあります。

大人になってもキーワードは常に「人間関係」になってきます。ときには気を遣ってクタクタになることもありますが、自分とは違う考えや価値観、経験を持っている人との出会いがこれからたくさんあります。その出会いの中で価値観や生活観、生きることへの目的などが共感できる人に巡り合うことがあります。そのような人と仕事をともにし、異性であれば結婚して家庭をつくっていきます。

中学生のころは、まだ親や社会に守られて生活していますので、「自分」というものがはっきりしていません。しかし学校ではすでに「社会性（周囲とうまくバランスをとって付き合うこと）」を求められるので、好きなのか嫌いなのか、遊びたいのか遊びたくないのかなど、自分でも混乱することが多いと思います。

しかしこれから高校生、大学生、社会人と成長していくことによって、悩みながらも自分づくりをしていくことで価値観や生活観、自分なりの生き方などが徐々にはっきりとしていきます。そうすると「自分がしたいこと」や「付き合っていきたい人」が明確になっていきます。

人間は悩みながら自分をつくり成長し、親密になる人と互いに出会い、自分なりの人生を生きていくのでしょう。

Q 思春期というと、心理学的に見ても不安定な時期だと思いますが、どういうふうに、その時期を乗り切っていけばいいのですか？

あなたの言う通り、思春期はとても不安定な時期です。なぜなら、「すでに子どもではなく、でもまだ大人でもない」という時期だからです。つまり、完全に周囲に頼ることも甘えることもできないし、かといって、大人のように自立して生きていけるだけの能力や経験、強さがあるわけではありません。ですから、思春期は子どもでもなければ大人でもないという、「不安定であることが当然」という時期なのです。

そして、「これが自分だ」という自信も持てないこの時期に、勉強やスポーツで他人と競う機会も多く、周囲から比較され、自分でもそのことを気にしてしまいます。また、モテる友人と容姿の面で、やはり比較しては落ちこむこともあるでしょう。

このように、勉強・スポーツ・恋愛など、よい結果が得られているほんの一握りの人を除いては、誰でも自信が持てず迷う時期です。

また、「他人よりも秀でたもの」が見つかっていなければ、この先の進学や進路などにも迷いが出てきて、進むべき方向がわからなくて将来に不安を抱きます。周囲は、「何がしたいのか言ってごらん」と聞くのですが、「やってみたいこと」はいくつかあっても、「これがしたい！」とはなかなか強く言えるものではありません。

なぜなら、ある程度の成功体験とそれによる先々への自信があってこそ、「これがしたい！」と言えるものだからです。

私自身のことを思い出してみても、思春期が自己内面的にもっとも混乱していた時期だと思います。もちろん、大人になってからの方が、出来事としては大きな転機になるような「一大事」はあります。それでも、自己内面的に迷いの多かった思春期の方が、つらかった記憶があります。

さて、あなたの質問に戻りましょう。「思春期という心理学的に見ても不安定な時期だと思いますが、どういうふうにその時期を乗り切っていけばいいのですか」でしたね。率直に言うと、**「うまく乗り越える方法」はありません。**

それは、あなたもどこかでわかっている上での、この質問だとは思います。ただ、現実にはあなたと同様に、また私の思春期と同様に、「今、どうすればいいんだ」と迷い悩んでいる人がたくさんいるということです。

そして、実はこの時期に一番大切なことは、人と比較して落ちこみ、あるときには劣等感さえ持ち、自分には何が向いているのか、自分はどんな人間になっていくのかわからなくなり、その中で家族や周囲の人にあれこれ言われ感情的になり、何か全部がうまくいかないような気がしても、「自分はどうしたいのだろう？」「自分はどうありたいのだろう？」と考えることしかありません。

そしてもちろん、その答えなどは出ません。**「答えのない問い」を考えることが、実は「自分づくり」の唯一の方法**です。この世に正解も、不正解もありません。あるのは、「自分はどう生きるのか」ということのみです。


子どものときから、ある一つの分野でよい成績をあげることができて、迷うことなくまっしぐらにその道を進んだ人。親や教師のアドバイスに従って、迷うことなくまっしぐらにその方向を進んだ人。このような人は、人生が常に順風満帆であればよいのですが、一度つまずくともろく崩れてしまうことがあります。

それは、「ある分野の才能」はあるのでしょうけれど、「人として成熟していない」ために、その才能だけでは解けないような「人生の宿題」を乗り越えていくことができないからです。人間はうまくいかないこと（失敗）をたくさん体験して、悩み・自分で考え、そして成長していきます。教育学で言う「人間にとって、もっとも大切な権利」とは、「失敗できる権利」です。もし、あなたがまだ成功していないのなら、「人として成熟できるチャンスがある」ということです。

そして、成熟していくためには、「自分はどうしたいのだろう」「自分はどうありたいのだろう」という、答えのない問いかけを自分で考え続けることです。

思春期は、子どもでもない、大人でもない、自己内面的に混乱するつらい時期です。

そして、「自立し、成熟した一人の人間になる」ために、答えのない問いかけを自分に発し、「自分づくり」をスタートする時期です。

このプロセスを通らずに大人になると、「何のために働くのかわからない」「何のために結婚するのかわからない」「何のために生きるのかがわからない」、そんな大人になるかもしれません。

あなたが今、一生懸命に悩んでいるとしたら、自立し成熟した、すばらしい一人の人間になるためのスタートを切ったということです。

Q イメージチェンジすることはいいことですか？

もしあなたが、イメージチェンジをしたいのならよいことだと思います。

そして、もちろんよいイメージを自分で持ってください。

「かっこいいなあ」とか、「すてきだなあ」と思う人は必ず「自己イメージ」（自分はこのような人間だという自分に対するイメージ）がよいものです。

いわゆるイケメンといわれる芸能人がかっこいいのは、彼らは鏡を見ながら「どういう表情、どういう仕草がかっこよく見えるか」をかなり研究しているはずです。研究しているうちに、そのイメージが定着し、どんどん自分の中にかっこよくなるように働きかけてくれます。

明るくて、気さくで、優しくて、かっこいい自分のイメージを、鏡を使って研究してみてください。鏡を見る回数が多い人ほど、時間が長い人ほど自己イメージはよいという、心理学でのデータもあります。

Q 自分の存在価値って、どうやって見つければいいのですか？

存在価値ということは、「あなたの存在に、何らかの価値がある」ということですよね。まずは、すでにあなたがこの質問をしてくれて、私が一生懸命に答えようとしていて、何人かでもこの文章を見て読んでくれようとしたなら、あなたの存在価値は「すごくある」ということですよ。

「価値」ということについて考えてみると、私は、この質問をしてくれたあなたが、この世に誕生してくれたことがもっとも大切な価値だと考えていますが、人によってそれは違うようです。お金に価値を求める人は、「どれだけ稼げる人が価値のある人か」で判断するでしょう。

容姿に価値を求める人は、「どれだけ美しいか」で判断するでしょう。

地位に価値を求める人は、「どれだけ偉くなったか」で判断するでしょう。

社交性に価値を求める人は、「どれだけ目立つことができるか」で判断するでしょう。

このようなことに能力があって、注目される人が一般的には、「存在価値がある」と言われているところもあるでしょう。そして、その本人も優越感に浸り、自分には「存在価値がある」という自覚もあると思います。

しかし、「注目され」「優越感に浸る」ことが、本当の「存在価値」ではありません。他人と競争し、他人を押しのけて「勝ち組」になり、お金をたくさん儲けることで優越感に浸ることはできるでしょうけれど、誰かを不幸にしているかもしれません。

若いときは美男・美女でも、内面（人間性）を鍛えておかなければ、年を取ってからは誰も相手にしてくれません。

他人を蹴落として踏みつけ、地位を上げたとしても、人としては尊敬されることもないし、愛されることもないでしょう。他人よりもたくさんしゃべり、注目を浴びて優越感に浸れても、それは自己満足だけで終わるのかもしれません。だから、これらのことは「存在価値」とは違うということです。優越感に浸れる人が、「存在価値のある人」ではありません。そして、劣等感を抱えている人が、「存在価値のない人」でもありません。

では、人の「存在価値」とはなんでしょうか？

例ば、あなたのことを考えてみましょう。

あなたは、ご両親との間に生を受け、この世に誕生しました。あなたが無事に誕生したことは、ご両親や兄弟、祖父母やその他の周りの人たちを安心させ、喜びを与え、幸せな気持ちにさせました。

その後も、あなたが元気に成長し、その姿を毎日見られることは、ご両親や周りの人たちに喜びを与え、幸せな気持ちにしてきました。そして、現在はあなたが健康でいてくれて、もちろんいろいろな悩みを抱えて親に心配させ、あるいは親に反発することもあるけれど、そこにいてくれるだけでも、幸せな気持ちにさせているのです。

だから、あなたがそこにいるだけでも、大きな「存在価値がある」ということです。

そして、**人の存在価値とは、「どれだけ人を幸せにできるか」によって確認できる**と私は考えます。妻を、夫を、子どもたちを、どれだけ幸せにできるかが「家庭人」としての存在価値です。

家族の健康を思い、一生懸命においしい料理をつくり、食卓を明るくして幸せな気持ちを演出するのが、「主婦」の存在価値です。仕事を通じて職場の人を助け、組織に貢献し、商品やサービスを通してどれだけの人を幸せにできるかが、「職業人」としての存在価値です。生徒に学習内容を教え、能力を伸ばし、人としての関わりを通して成長させ、生徒の将来を明るく照らし、幸せに寄与することが「教師」の存在価値です。悩んでいる友人の話を聞いてあげ、仲間はずれにされて孤独に打ちひしがれている友人に声をかけてあげることが、「友」としての存在価値です。

それは、もしかすると誰にも注目されない、あなたが関わるその相手しか知らないことばかりかもしれません。「優越感」とは、縁遠いようなことばかりかもしれません。

大きなことで、人を幸せにできるに越したことはないでしょう。でも、たとえ小さな、誰にも気づかれることのないようなことでも、**「誰かを幸せにできる」ということが本当の「存在価値」なのだと思います。**

あなたは、そこにいるだけでもすでに、自分でも気づかないうちに、「存在価値」があります。そして、これからは周囲の人を些細なことでも助けて幸せにし、どのようなことで人を幸せにできるかを考えて仕事を選び、努力して知識や技術を身につけて能力を伸ばし、職場の人や顧客を幸せにし、妻や夫を支え、子どもたちを存分に愛して育み、目立たなくてもいいから、多くの人を幸せにしてあげてください。

あなたは、人生で出会う人たちを幸せにするために生まれてきたのだ、ということを忘れないでください。それがあなたの「存在価値」です。

Q 自分の価値観をどこでどう判断するのですか？ わかるものですか？

まず辞書で「価値観」を調べてみると、「物事を評価する際に基準とする、何にどういう価値を認めるかという判断」とあります。このことはたとえれば、次のようなことです。

20万円のあるブランドのバッグに大いに価値を認めて喜んで持っている人もいれば、それにまったく価値を感じない人もいます。アイドルのサイン入り色紙を宝物にしている人もいれば、簡単に人にあげてしまう人もいます。

学歴を重視して新入社員を採用する経営者もいれば、健康であることとまじめさを重視して採用する経営者もいます。英語など外国語教育が必要と考える教育者もいれば、美しい日本語を話すことができれば外国語は通訳にまかせればいいという教育者もいます。

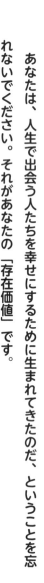

人生にはお金こそが一番重要だと考える人もいれば、お金は生活できる程度あればよくて、家族の愛情こそが重要だと考える人もいます。仕事は収入で価値が決まると考える人もいれば、どれだけの人を自分の仕事で幸せにできたかで価値を測っている人もいます。

つまり、「価値観」というのは主観的（自分の考えや思い）なもので、正しいとか間違っているという性質のものではありません。ですから難しいものなのです。

そして、「価値観」とはいくらでも変わるものです。

先ほどの例で考えると、ある日、そのバッグ・メーカーの歴史を知ることになり、それにたいへん興味を持ち、突然20万円のバッグがほしくなるかもしれません。今好きなアイドルよりも他のグループのファンになると、色紙を簡単に手放してしまうかもしれません。

経営者も、何人かの社員がいっぺんに病気で休むようになると、学歴よりも健康に価値を置くようになるかもしれません。カタコトの英語では信頼関係が築けないことを経験すると、自分は人生哲学を勉強し、英語は通訳に任せるようになるかもしれません。

仕事ばかりに意識が行っていた人も、家族の絆をよりいっそう求めるようになるかもしれません。年収は優越感に浸れるほどあるけれど、本当の友人や信頼し合える人がいないことに気づけば、仕事の価値を問いただすことになるかもしれません。

このようにも「価値観」は、状況や経験や年齢、社会環境など、そのときどきで変わりますし、また変わってもいいものだと思います。

そして、その「価値観の変化」は一生涯続くものでしょう。そして今の自分が「何をよしとするのか」が今のあなたの価値観です。

「かっこいい」とは、どのようなことですか。

「人の強さ」とは、どのようなことですか。

「優しさ」とは、あなたにとってどのようなことですか。

宝くじで1億円が当たったら何に使いますか。

部活をする意味は（しない意味は）なんですか。進学は何のためにしますか。

働くことの目的を、どのように考えていますか……。

このような問いを自分で答えてみると、少しでも「自分の価値観」が見えてくるかもしれませんね。でもそれは、自分が今まで接した「親の価値観」であったり、「先生の価値観」であったり、「テレビなどのマス・メディアの価値観」に影響を受けているものが多いかもしれません。

それは、価値観とは「自分が今まで接してきた情報によってつくられたものである」ということです。つまり自分の価値観とは、「情報に左右される」ということです。

そしてこのことが、「あなたの価値」を考えるときにも影響しています。

「高学歴」がよいとする価値観で、自分を見るのか。「キレイな容姿」「年収」「体力」「ファッション・センス」「目立ち度」「礼儀」「優しさ」「思いやり」「勇気」「素直さ」など、人を評価する尺度は無限にあります。

あなたは、どの尺度で自分を見ていますか。あなたは、「どんなことを大切にしたいのか」という目で、自分自身や周囲の人や物事を見て、自分の価値観を調べてみてください。

その価値観はあなたの「今の価値観」であって、あなたが歳を重ね、たくさんのことを経験し、自分で考えるうちにまた変化していくでしょう。

迷い悩みながら価値観を書き換え続けることで、「あなたらしい価値観」に近づいていくのかもしれません。

自分は人間だけど「人間」って何？

Q
先生はアイデンティティーを獲得していますか？

アイデンティティーとは、難しい表現では「**自我同一視**」と言います。つまり、「自分とは何者か？」という問いに答えることです。その意味において、現在の私は、アイデンティティーを獲得できていると思います。

「私は日本国民です。男性です。林恭弘という氏名を持っています。平凡でも正義感を持つ両親のもとに生まれ、育てられました。子どものころから身体を動かすことが好きで、上手ではないけれど、今でもテニスや野球、ゴルフをすることが大好きです。

尊敬する妻と、愛する子どもが二人います。妻には誠意をもって接し、ずっと一緒に人生を歩いていきたいと思います。子どもには立派な父ではなくても、正直で愛情深い父であり、彼らが自立するまでは、楽しんで人生を共有したいと思います。

日本メンタルヘルス協会というカウンセリング団体のメンバーであり、カウンセラーと心理学の講師という役割があります。その役割の中で、心理学の知識をわかりやすく、熱意を持って伝えることができます。そして、話を聞いてもらった人に喜んでもらえることもたくさんあります。

すべての人に役立つわけではないけれど、出会う人の役に立つことができていると思います。だから、この仕事が大好きで満足もしています。

これからも、家族や身近な人を大切にし、平凡でも日々の生活や仕事を楽しめるように努力もし、大きな成功を目指すよりも、ちっぽけな正義を守り、一人の人間として成長し続けていきたいと思います。

このようなことを理想とする生き方を、目指していきたいと願っている人間です」

これが、私のアイデンティティーです。**アイデンティティーとは、人とのつながりと、そ**

こにおける自分の役割、自尊心、自己の価値観、人生観などを意識していることです。

しかし、アイデンティティーは不変ではありません。人との関係や、そこにおける役割などによって変化します。

Q 人はなぜ、争いをしなければ生きていけないのでしょうか?

深い質問ですね。人が意見の違いから争ったり、自分の立場を守るために争い人を傷つけたり、利益を守るために争い戦争になったりすることは、つらく悲しいことです。

実は、イルカの世界には争いがないそうです。イルカは同種間で争ったり、傷つけたりすることは一切ありません。なぜかというと、イルカには「自我」が無いからです。自我というのは、「自分という意識」のことです。ですから、自分と相手を分けて考えることがありません。対立もありません。「自分と相手」ではなく、「自分は相手と同じで、相手も自分と同じ」ということになります。

しかし、私たち人間には「**自我**」があります。この「自分という意識」は、自然に「自分と相手を分ける」意識へとなり、人間は自分が一番かわいいですから「相手よりも自分の方がよくなりたい」ということに結びつきます。それが、「他人を蹴落としてでも、自分が得したい」と暴走を始め、さまざまな争いになっていきます。

友人同士でも、夫婦でも、仕事でも、国家間でも、争って勝利しても必ずしも幸せにはなりません。友人と争い、勝つごとに一人ずつ友人を失っていきます。夫婦で争って勝ったとしても、家庭は殺伐とした雰囲気になって、家族全員が不幸な気分になります。

「勝ち組、負け組み」という言葉が流行りましたが、負ける人がたくさん出てくる社会は、勝った人まで含めて、誰も安心できない社会になります。戦争で勝利しても、恨みを買い、いつもテロの恐怖から逃れることができません。人間とは、本当に愚かな存在ですね。

争いは、個人の人間関係から国家間の対立まで、結局は不安や恐怖、孤独しか生み出しません。つまり、**「自分一人だけ幸せになる」ことは不可能**だということです。家族みなの心がつながり、いたわり合い、健康でなければ、「私」も幸せにはなれないということです。究極は、地球に住んでいる人がみな幸せでなければ、自分の国だけ幸せにはなれないということです。

ですから、人間に対するこれからのテーマは、「自分さえよければ」という「自我」をいかに乗り越えることができるか、ということでしょう。

その、もっとも大切なテーマを解決に向けてくれる要素は、身近な人を大切にすること、弱者へのいたわりや思いやり、節度（ほどほどにしよう、という感覚）や、正義感、倫理観など、「心の問題」だと私は思います。

それは、しつけや親がお手本になって示す家庭教育であり、道徳の授業などを通じて学校教育が柱になるはずです。偏差値の高い学校を目指すことも大切なことですが、「誇り高き心」を養うことの方が重要だと思います。

かつての日本には、そのような「誇り高き心」を大切に養う教育がありました。今は残念ながら「他人に勝つこと」に心を奪われ、それを忘れている時期なのでしょう。

時間はかかるかもしれませんが、私はみなさんと一緒に「誇り高き心」を持つ人が、たくさんいる社会を創っていきたいと思います。

Q 他人を傷つけ、地球を汚し、人間っていったい何がしたいのでしょうか？

これは、私自身の心にも痛い質問です。なぜなら、私自身もこの世に生きる、今の社会をつくった多くの中の一人の人間だからです。

人間は、大脳の前頭前野《ぜんとうぜんや》がものすごく発達した、すばらしい存在です。大脳の前頭前野は、想像力や創造性を発揮する部位で、これだけ大きな前頭前野を持っている生き物は地球上でも私たち人間だけです。人間はいろいろなものを組み合わせ（こんなものができたらどうだろう？　という想像力）、道具を進歩させ、やがて科学を生み出し（想像力を実現する創造性）、現在に至っています。医療の発達、安定した都市生活、便利な交通機関、生活を快適にしてくれる家電製品など、豊かな暮らしを享受できるのは、前頭前野の存在があってこそです。

しかし、それとともに前頭前野は、「自我」という心の働きを生み出す部分でもあります。自我とは、「私という意識」のことです。自我が強く働くのも、私たち人間だけです。

私の顔、私のプライド、私の気持ち、私の価値観、私の生き方、私の損得……。これらは、人間だけが強く意識するもので、他の動物に意識はありません。あなたが飼っているペットがある日、「私をバカにしたでしょう！　腹が立つわ！」などと怒り出したことはないでしょう。「心が傷ついた」というのは、自我の問題で、他の動物にはありません。

さて、人間には「自我（私という意識）」が強く働きますので、同時に「相手」という、自分とは別の存在を分けて意識することになります。そこから実は、さまざまな人間関係の対立や争い、破壊にも発展していってしまいます。

自分と相手を分ける意識によって、「自分の方が得をしたい。自分の方が勝りたい。自分の意見を押し通したい。自分たちの国を守りたい。自分たちの国を有利にしたい」など、「自我」があることで、やはり優先順位として、自分を一番大切にしてしまうからです。

ちなみに、先ほど言ったイルカは、人間にも勝る記憶力を持っていますが、前頭前野が発達していないために、「自分と相手を分けて意識する」ことがないと言われています。

つまり、「あなたと、私」ではなく、「あなたが、私」「私が、あなた」であるということになります。イルカ同士は、対立や争いをしませんし、環境を破壊することもありません。それはまさしく、「自他を分けて意識する脳」が働かないからです。ですから、自分以外の仲間や環境を、自分と同じように大切にします。イルカの世界はすばらしいですね。

でも、これは「イルカが偉い」というわけではなく、脳の機能の違いなのです。しかし同時に、「イルカがこのたび、すばらしい発明をしました」ということもないわけです。


このように、人間は想像力と創造性ですばらしい進歩と進化を遂げてきました。しかし、それを野放しにすると、他人を傷つけ、他国を脅し、互いに傷つけ合い、やがては自分も傷つき、滅びてしまいます。それが、夫婦や家族、友人、会社の人など身近な人間関係のいさかいや、国家間での争い、人間と自然環境に起こっている地球規模の問題まで、すべてにつながっていきます。

ですから大切なのは、想像力や創造性を発揮できる優れた頭脳のための教育だけではなく、他人や環境のことも自分と同じように大切にできる「心の教育」だということです。「道徳心と倫理観が大切だ」と前に述べましたが、それは、人間同士の調和と地球環境にとっても大切なことだからです。

前頭前野を最大限に発揮しながらも、決して暴走しないコントロールを身につけたときに、人類はもっと進化するのでしょうね。

第5章

自分らしく生きるために

あなたの可能性は足元にある

Q 最近、おもしろいって思うことがありません。気の置けない仲間といるときは楽しいとは思いますが……。

あなたの言う「おもしろい」は、「時間が経つのも忘れるぐらいに夢中になれること」、あるいは「達成した喜びがあること」ではないでしょうか。友人といると話が弾み、確かに楽しいのですが、あなたの言う「おもしろい」こととはまた違うのでしょうね。

イチロー選手が、20歳で首位打者を獲得したときのコメントは、「最近の若い人は、楽しさを勘違いしていると私は思います。私の中の楽しさとは、人の何倍もバットを振って汗を流し、手に血をにじませ、その中で〝自分は成長、進化している〟という感覚が本当の楽しさだと思うのです」というものでした。20歳といえども、一流の人は精神的な部分においても、やはり一流ですね。

つまり**「楽しさ」や「おもしろさ」とは、「夢中になることを見つけ、その中に自分を没頭させ、そして成長している」感覚**です。それはスポーツであったり、楽器演奏であったり、旅行であったり、または数学や歴史などの学問であるのかもしれません。

それが簡単に見つかればよいのですが、自分でも「何がしたいのかわからない」ことのほうが多いものです。

歌舞伎役者の話です。歌舞伎役者は伝統芸能ですから、何代にもわたって続く家に生まれ育ちます。だいたい2歳ごろから、親の指導のもと歌舞伎をはじめ、3歳で初舞台を踏むそうです。それは、もう「好き」とか「興味がある」という問題ではなく、「やらないといけない」わけです。

それがどんどんつらくなって、歌舞伎が嫌になるときが必ず来るそうです。しかしそれでも続けないといけないわけですが、やがて変化していきます。

それは、歌舞伎の中でいかに自分を生かしていくか、いかに自分を高めていくか、という思考になったときだそうです。まさに「自分が成長、進化していく」感覚です。

そうすると、人に言われなくても夢中になって稽古し、歌舞伎に没頭していくというのです。「人から与えられる感動」はやがて飽きてつまらなくなりますが、「自分で生み出す感動」はずっと続きます。人生を楽しんでいる人は、自分で感動をつくっている人です。

こういう話をしても、あなたが今すぐに「夢中になれること」を見つけるのは難しいでしょう。

そこで私からの提案です。心理学を学んで、「人間にとって〝おもしろさ〟とはどういうものなのか」あるいは、「人はどうすれば夢中になれるのか」というテーマで研究してみてはどうでしょうか。

今では書店に足を運ぶと、わかりやすい心理学の本がたくさんあります。あなたが疑問に思うことを、自分で解決してみることが一番夢中になれると思いますよ。

やがて、あなたと同じような疑問を持っている、たくさんの人を助けることができます。

そしてそのことで、あなた自身が〝成長、進化〟していきます。いかがでしょうか。

Q 最近毎日がつまらないです。異世界にでも転生できたらいいなと思ったりします。

幕末に活躍した人物に、高杉晋作という人がいました。

彼の辞世の句に、「おもしろき　こともなき世を　おもしろく（すみなすものは心なりけり）」というものがあります。私は、この言葉が好きです。

どの時代も、そして誰でも、日々が、人生がおもしろくなく感じられるときがあるのでしょう。幕末の志士として活躍した高杉晋作でも、きっとおもしろくない時期があったのではないかと思います。それでも、やがては気づいたのかもしれません。

「つまらないと言っていては、どんなこともつまらなくなってしまう。だから平凡な出来事の中にも、自分がおもしろいと思えるような受けとめ方をすればいいのだ」。

そして、「**おもしろいことを与えられるのを待つのではなく、自分からおもしろいと思えることを創り出せばいいのだ**」ということなのでしょう。

だから、「すみなすものは心なりけり（すべてはあなたの心次第だ）」ということです。

あなたの言う「異世界」がどんな意味で、どこにあるのかはわかりませんが、今、あなたが住んでいるこの時代の、この国の、あなたの住んでいる街に、あなたの会社に、あなたの学校に、あなたの家庭にも実はその「異世界」があると私は思います。

それは、「どこか遠く」にあるのではなく、毎日の目の前にもあるということです。それは、「あなたの心次第」ということです。

考えてもみてください。退屈だと思って過ごしていた自分の部屋で、自分なりに面白いものをこれまで見つけてきませんでしたか？　また、おもしろいものを作り出しませんでしたか？　そう考えると「自分の心次第」で生み出せるおもしろいことがどんどん増えていく気がします。または、部屋を出て、家の周りを散歩してみて、よくよくいろいろなものを見たり感じたりすると、今まで気づかなかったおもしろいものがきっとあるはずです。あなたの心次第でおもしろいものはどんどん増えていきますよ。

Q　そもそもやりたいことがありません。みんなのようにやりたい仕事も見つかりません。どうすればいいのでしょうか？

「やりたいことが見つからない」と感じることは、多くの人が経験する悩みの一つといえるでしょう。まずお伝えしたいのは、「やりたいことがない」ということ自体が必ずしも問題ではないということです。

多くの人は、何か目指すべき目標を持っているものだと思ってしまいますが、実際には自分のペースで進んでいく過程で徐々に見つけていくものです。今はただその「過程」にいるだけだと理解することが大切です。

焦りや不安を感じることは正常であり、無理にやりたいことを見つけようとするのではなく、**自分が今できること、やってみたいと思うことに少しずつ挑戦していくことで、新しい興味や関心を見つけることができます。**

次に大切なのは、**自分の価値観や興味を再確認すること**です。

自分が本当に何を求めているのかを知るためには、自己理解を深める必要があります。これには、日々の生活の中で自分の感情や反応に注意を払い、何をしているときに心地よく感じるか、どんな状況でやりがいを感じるかを意識してみることです。小さな気づきが、今後やりたいことを見つける手がかりとなります。

例えば、友人との会話や趣味、過去に楽しかったことを振り返ることも役立ちます。意識的に自分の好きなことに焦点を当てることが、無理なく自分の進むべき道を見つける助けになるでしょう。

また、やりたいことを見つけるために積極的に新しい経験をすることも効果的です。今まで経験したことがない仕事や趣味に挑戦してみること、ボランティア活動や勉強会に参加することなど、自分の視野を広げることで、自分がどんなことに興味を持ち、どんな分野でやりがいを感じるのかが見えてきます。時には失敗したり、期待外れだったりすることもありますが、それも貴重な学びの一環です。失敗を恐れず、新しいことにチャレンジしてみましょう。

もしやりたいことを見つけることができても、それがすぐに自分の職業やキャリアにつながらなくても問題ありません。やりたいことが一度に見つからないのは普通のことです。むしろ、最初は小さな興味から始めて、それが少しずつ自分のキャリアや人生にどうつながるのかを考えていくことが大切です。

自分の成長に焦らず、楽しむ気持ちを持ちながら進んでいくことが、結果的に最適な道を見つける助けになります。

気をつけたいことは、周囲と比較して自分のペースを乱さないことです。周りの人たちが順調に見えるかもしれませんが、実際には誰もが悩んでいる部分があります。自分にとって大切なのは自分のペースです。

無理に急ぐことなく、少しずつ自分のペースで歩んでいきましょう。

焦りは不要です。時間がかかっても、きっと意味のあるものが見つかるでしょう。

Q 周りが将来のために投資をしたほうがよいと言うけれど、自分には知識がなくて……。

将来のために投資をすることを考えたとき、周りの人たちが言っていることが気になることはよくあることだと思います。

特に今は、NISA（少額投資非課税制度）やiDeCo（個人型確定拠出年金）をしている人も多くいますし、していなくとも興味を抱いている人は多いはずです。みんなが知っているため、知識がないことで不安を感じたり、焦りを感じたりする感情は自然なことです。

私は投資家ではないので、投資の方法や画期的な投資術をお伝えることはできませんが、自分に知識がないことを知っているのであれば、まず大切にしたいのは「焦らず、知識を積み重ねること」です。何もわからない状態で投資を始めることは、さらに不安やリスクが伴います。ですが、投資の基本的な考え方や仕組みを理解することで、どのような選択が自分にとって適切なのかを冷静に判断できるようになります。

投資の学びは一朝一夕で身につくものではありません。少しずつでも知識を積み重ねていくことを意識しましょう。

例えば、投資についての本や記事を読む、オンラインで学べるセミナーに参加する、金融に詳しい人に相談するなど、できる範囲で情報を収集していくのです。

少しずつ学んでいくことで徐々に自信をつけることができますし、自分が納得できるペースで学んでいけば、過度な不安を抱えることなく着実に知識を深めることができます。

また、投資の知識がないのであれば、まずは少額から始めてみるのも一つの手かもしれません。投資の勉強代として、少額だけで行うと、将来に向けた資産形成のステップを考え、今までは意識が向いていなかったニュースや世界情勢なども気になっていくはずです。他人がどんなに早く投資を始めていても、自分のペースで学んでいくことこそが、結果的に一番賢明な選択となります。

焦らず、確実にステップを踏みながら、将来に備えていきましょう。

Q 林先生は「心」について、いつごろから興味が湧きましたか？　また、どのような出来事がきっかけとなりましたか？

「心」について興味が湧いてきたのは、大人になってからです。子どものころ、「心ってどこにあるのかな」などと不思議に思うことはあっても、あまりまじめに考えたことはありませんでした。

そして、私は大学でも、専攻は心理学ではなく、外国語学部に在籍し、専攻はイタリア語でしたし、商社マンから社会人のスタートを切りました。

このような自分の過去を振り返りながら考えてみると、深く悩んだことがなかったから、

「心」にさして興味を持たなかったのかもしれません。

そして、私が成長してきた子ども時代や学生時代は、「心」というものにあまり焦点が当たらなかった社会背景もあります。私が育ってきた時代は、いわゆる高度経済成長期で、社会人のスタートを切ったころは、バブル経済の入り口でした。だから、世の中全体が浮かれ、物やお金が飛びかい、外面的な豊かさをみなが競い合い、自分の内面（心）に焦点を当てようとしない雰囲気がありました。

当時は、「心理カウンセラー」などという人たちは少なかったようですし、社会から注目を浴びることも、あまりありませんでした。私自身も、心理カウンセラーの話を聞く機会は、一度もありませんでした。

その後、私には転職の機会があり、人事教育コンサルタント（会社組織で働く人たちの教育コンサルタント）会社に就職し、働く人たちの「心」に必然的に興味を持つようになりました。

「なぜ、人間関係がうまくいく人と、いかない人がいるのか」「リーダーシップを発揮する人は、どのようなことで優れているのか」「信頼を集め、人をひきつける人は、どんな特徴を持っているのか」など、すべては「心」に由来することばかりです。

これらのことを、仕事として追求するのも興味深いことですし、「では、自分はどうなのか」という自己洞察にも興味が湧いてきました。

仕事では数え切れないぐらいの失敗もし、人並みに悩み、自己嫌悪にもなっていましたので、「どうすれば解決できるのか」という「知りたい欲求」にも駆られるようになっていました。


人には皆それぞれ、「できないこと」がたくさんあります。その「できないこと」のほとんどは、「知らないから、気づいていないから、できない」ことがほとんどです。これを言い換えてみると、「**知ることによって、できるようになる**」ということです。

心理学を学び、「知る」「気づく」ことによって、人生の中で「できるようになる」ことがたくさん出てきます。そして、心理学を学ぶことは、人が存在するところすべてに役立つので、たいへん応用範囲も広いのです。

ですから、「心を学ぶ」ことはとても楽しいものですよ。

仕事の失敗から気づくこと

Q 林先生は、カウンセラーの仕事が嫌になるときはないのですか。もしそうなってしまったら、どうするのですか？

先ほども言いましたが、私が最初に社会人になったときは、商社マンからのスタートでした。そしてその仕事に失敗して、次に人事教育コンサルタント、またその次には幼児教育の事業を手がけ、また失敗。はたまたレストラン・バーの経営、そして30歳のときに〝心理カウンセラー〟という、今の仕事に出会いました。

びっくりするでしょうけれど、私は失敗だらけの人生を歩いてきました。これは決して自慢にはなりません。失敗しなくても人生や仕事について大切なことを知っていれば、失敗しなかったはずだからです。

ですから、私がたくさんの失敗をしたということは、その「大切なこと」を身につけていなかったからでしょう。つまり失敗をたくさんして、はじめて気づいた、身についたということでもあります。私が心理学を教わった衛藤信之先生という人がいます。私の今の師匠です。この人は、「人をどれだけ楽しませることができるか。人をどれだけ助けることができるか。人をどれだけ幸せにできるか」、それが仕事なのだと教えてくれた人です。

どんな仕事についても、嫌なことや不満はたくさんあります。仕事を変えても、また違う嫌なことや不満が出てきます。そしてまた仕事を変えても……。

「仕事自体が楽しいものでなくてはならない」と思うと、つらいことが出てくる仕事は嫌になります。でも、「**自分にとってはつらいけれど、この仕事をすることで誰かが幸せになる**」と思うと、やりがいを感じ、楽しくさえなります。

何が言いたいのかというと、私はこの心理カウンセラーという仕事が（つらいことはあっても）大好きです。

しかし今になって考えてみると、過去に経験した仕事はどれもみなそれぞれの仕事内容は違っても、実は何かのことで人を幸せにできる仕事だったということに気づきました。その中でも心理カウンセラーという仕事が自分の適性に合っていて、だから人の役に立つことができるから好きなのです。

あなたも近い将来、仕事を選ぶときが来るでしょう。そのときには、「自分はどんなことで人を幸せにしたいのだろう」という視点で仕事を選んでみてくださいね。

Q 私はまだ学生で、大人はいろいろ大変だなと思ったりします。父親は休日は寝てばかりであとは毎日残業続きで、仕事以外で楽しいと思ったこととかがあるのかなと思ったりしますけれど……。

私自身が、仕事が楽しいと思っていることは、講演会でも、今まで出版してきた本の中でも触れています。もちろん、仕事をしていて苦しいことはたくさんあります。自分に余裕がなくても、仕事には期限があるので、場合によっては徹夜でやらなければならないこともあります。

そして、成果を期待されるので、ものすごいプレッシャーを感じることもあります。好きな仕事だけ選ぶこともできませんので、気の進まない仕事をしなければならないこともしばしばです。

でも、**それらのストレスを乗り越えてやり遂げたときは、何とも言えない充実感がある**ものです。だから、**仕事は「つらくて楽しい」**というところです。それがまた、自分を成長させてくれます。

そして、あなたの質問である「仕事以外で楽しいことは何か」ということですが、私の場合は「すべてが楽しい」と思っています。

まず、スポーツが好きなので、テニスやゴルフは何とか時間をつくって楽しんでいます。家族が大好きですから、夫婦でたまに二人っきりでランチに行ったり、子どもと一緒によく遊んだりします。また妻にお弁当をつくってもらって、家族みんなでピクニックに行きます。友人とお酒を飲みながら、いろいろな話をすることも楽しみです。

仕事のためだけではなく、心理学や社会学の書物や情報に触れ、知らなかったことを知ることのすばらしさに、感動することがあります。小説を読み、作家の発想や文章表現に感嘆しながらハマってしまうことが、たびたびあります。

お金をたくさんかける楽しみは、やがて「お金」という精神的負担がかかってくるので、私はお金をできるだけかけずに、いろいろなことを楽しむようにしています。地味に思えるかもしれませんが、私にとってはこれらのことが、最高に楽しいと感じています。

「人生はよいことばかりではなく、つらいものである」という考えの人がいます。もちろん、そういう面が人生にはあるのが事実でしょう。でも、私は「**いろいろあっても、自分の人生を楽しみ、必ず幸せになる**」ことに決めていますから、何をしていても楽しめます。

「人生はつらいものだ」という人は、もしかすると、人生を苦しむことを無意識で決めてしまっているのかもしれませんね。

ここでもまた、「おもしろき、こともなき世を、おもしろく（すみなすものは心なりけり）」です。さて、あなたはどちらを選びますか？

Q 心理カウンセラーという仕事に興味を持ちました。どんな勉強をして、どんな資格があるのですか？

ここではまず、〝心理学者〟と〝心理カウンセラー〟の違いについて確認しましょう。

〝心理学者〟になるためには、これは心理学以外の学問分野でも同じですが、まず大学で心理学を専攻し卒業します（心理学士）。大学院で修士課程（心理学修士）を修め、そのあと博士課程も修了することです。そこで〝心理学博士〟という称号を使うことができます。これが日本でのいわゆる〝心理学者〟という立場になります。

心理学博士の称号を得るためには、自分で決めたテーマにおいて実験や研究をすすめ、それらを論文にまとめ提出し、学会において優秀な研究成果として認められなければなりません。それは「難しいか？」と聞かれると、かなりの努力が必要であることは確実でしょう。しかしその努力は、「つらいことか」というと人によって違うはずです。

実験や研究、論文を書くことが嫌いな人にとっては拷問のようにつらいでしょう。しかし確かに実験や研究、論文を書くことは大変でも、興味を持って追及していく人にとってはむしろ喜びにさえなるはずです。つまり好きなことをしているときは、大変でも楽しくやりがいを感じるものです。

私自身は大学卒ですが、外国語学部（イタリア語専修）を卒業し、商社勤務から社会人をスタートしました。ですから心理学者でもなければ、心理学士でもありません。

もちろん、〝心理カウンセラー〟という仕事をするために心理学は学びましたが、「心理学者」という研究者ではありませんから、人々の役に立てるだけの知識や技術があれば充分です。とは言っても、心理学者とはまた違った能力が必要になりますので、やはり努力は必要です。もちろんその努力は私にとっては大変でしたが、つらい努力ではなく、楽しささえ感じましたよ。


さて次に、〝心理カウンセラー〟になるためには、どういったことが必要になるかを見てみましょう。今現在、日本では心理カウンセラーに関しての資格制度はありません。つまり極端に言うと、「自分は心理カウンセラーです」と語った時点からなれるということになります。このように資格もなければ免許もないという立場では、成功するためには能力と実績が必要になります。つまり「社会的信頼」ということでしょう。

しかし、いきなり能力も実績も得ることができませんので、まずは社会的信頼をたくさん集めている心理カウンセリングの団体に所属し、実力をつけることが正攻法と言えるでしょう。

必要な勉強はというと、基礎的な心理学の知識は必要ですが、それよりも会話の中で相手の気持ちをくみ取る感性や、社会の中で生きているさまざまな人たちの状況や気持ちを察することが大切となります。

そのためには**さまざまな人たちと出会い、関わることが必要**でしょう。またあなた自身が**さまざまな体験をすることが**、心理カウンセラーの仕事にとっても深みを増すこととなります。**失敗や挫折、つらいこと悲しいこともたくさん経験し、だからこそ悩んでいる人の気持ちが深く理解できるようになります。**人は、つらい思いや、悲しい思いをするほどに優しくなれます。恐れずにたくさんの経験をしてみてください。

また、心理カウンセラー以外の「心理職」には、臨床心理士や精神科の医師などがありますが、くわしくはインターネットや書籍などを参考にしてみてください。

しかしいずれにしても言えることは、どのような資格を取得しても相手のことを思う温かい気持ちや、相手を援助できる能力がなければ司法試験に合格しても、医師免許を得ようとも、「資格では食えない」と言うことでしょう。ですから知識を身につけることはもちろんのこと、あなた自身の熱い気持ちや優しい心を磨き続けてくださいね。

Q 社会人になるにあたり、仕事とプライベートのバランスが取れないのではないかと不安です……。

新社会人として仕事とプライベートのバランスを取ることに不安を感じるのは、私にもわかります。新しい環境に適応しようとする過程で、バランスを取りたいと思うのは共感できますが、少しずつ自分なりのペースを見つけていく程度の気持ちで大丈夫です。

仕事とプライベートのバランスは、固定的なものではなく、変動するものだということを理解しましょう。特に社会人生活の初期は、仕事に対してのエネルギーや時間がどうしても多く割かれることが予想されます。

しかし、バランスを保つために大切なのは、「**完璧でなくてもいい**」という考え方を持つことです。最初からすべてをうまくこなすことは難しいですし、完璧に仕事とプライベートの時間を分けようとすると逆にストレスが溜まり、うまくいかないこともあります。

そのため、まずは柔軟な思考を持つことです。「今日は仕事に集中したい」「今日はプライベートの時間をしっかり持とう」と、日々の状況に合わせて優先順位をつけることがバランスを取るための第一歩です。

これをすることで、無理に自分を疲れさせることなく、心地よい生活リズムをつくり上げることができます。

心身の健康を維持するために、リラックスできる時間や休息はとても大切です。

これが仕事のパフォーマンスにもよい影響を与えます。短時間でも構いませんので、心と体がリフレッシュできる趣味やリラックスできることを見つけることをおすすめします。

これらの活動は、自分自身の精神的な健康を支えるものになるでしょう。

周囲とのコミュニケーションを大切にすることも、仕事とプライベートのバランスを取るために役立ちます。

もし過度に仕事に追われていると感じた場合、上司や同僚とコミュニケーシコンを取り、仕事の調整をお願いすることも一つの方法です。

自分自身の時間を大切にすることは、決して自己中心的なことではありません。

むしろ、自分の健康を保つことで、仕事にもより集中できるようになります。精神的な側面でも、仕事とプライベートのバランスが取れないことで不安や焦りを感じることは多くありますが、この不安自体が、自分の生活に対して真剣に向き合っている証拠でもあります。自分の気持ちや体調のサインに敏感になり、無理せず、自分をケアすることが必要です。休憩や時間の使い方に対して、自分を責めることなく、少しずつ調整していきましょう。

さらに、休みの日に趣味やリラックスできる時間を大切にすることで、仕事の効率も上がります。心身ともにリフレッシュした状態で、翌週の仕事に臨むことができるので、無理して働き続けるよりも遥かに有効です。

最初は難しく感じるかもしれませんが、少しずつでも、自分に合った方法でリズムを作ることができれば、心地よいバランスが取れるようになります。焦らず、一歩ずつ自分に合った方法を見つけていきましょう。

新社会人としての生活は、未知のことが多く、調整しながら進んでいくものです。最初から完璧を求めるのではなく、自分のペースを守りながら少しずつ調整をしていくことが、長期的に見てよいバランスを保つ秘訣です。

自分の心と体に無理なく、仕事とプライベートを両立させるために、試行錯誤を繰り返しながら、自分に最適な方法を見つけていきましょう。

人生や生きる意味が知りたい

Q 人生ってなんですか？

私も子どものころから漠然とは疑問に思っていても、しっかり考え悩んだことがなかったので、一緒に考えましょう。

まずは当たり前のことですが、文字通り「人として生きる」ということでしょう。動物のように生きることではありません。では、人間と動物の違いは何かというと、考えたり、悩んだりするのが人間だということです。

もちろん動物にも感覚器官はありますから、感じることはできます。そして遺伝子情報や過去体験した情報の蓄積によって「反応」はしますが。考えることはしません。

例えばある日、3日分の餌を目の前に出されたとします。犬であれば何の躊躇もなしに一気に食べだすことでしょう。

しかし、私が3日分の餌を突然目の前に出されたら、考えこんでしまいます。「なんで今日に限って3日分なの?」「ご主人は旅行にでも行くのかな?」「もしかして引越しをして、私だけおいていかれるのかな?」「そうであればこれからどうやって生きていけばいいの?」「じゃあ、できるだけ多くの回数に分けて食べないとすぐになくなっちゃうよ」と、あれこれ考え、悩むはずです。

人間には他の動物とは違い、**「時間観念」**というものがあります。つまり、現在から思考を広げて、過去のことを思い出したり、未来を思い浮かべたりすることです。

もちろん、動物にも過去の出来事をインプットして、それを引っ張り出す能力はあります。しかし、それは「あそこに行って危険な目にあった」など、危機回避のような「反応」として使われることはあっても、くよくよと思い出して悩むことはありません。ましてや未来のことを思い、ウキウキしたり、またその逆に不安になったりすることなどありません。

未来を思う能力は「AとBをつなげたらどうなるだろう」という想像力でもあり、それが新しいものを創造することにもなります。この**「想像力」と「創造性」が、人間が他の**

動物と違い、すばらしいところの一つです。

しかし、同時にこの「時間観念」があるからこそ、人間は悩むのです。「今、ここ」の現在から離れて、過去のことを思い出し、その中でもよくなかったことを集めて、「こうなったらどうしよう」と未来に悪い想像をして不安になり、怖くなり、または最初からあきらめたりして悩むのでしょう。だから、**もともと人間は「悩むように創られている」**わけです。

そして、動物との違いのもう一つは、先にも触れましたが、**人間には「自我（自分という意識）」がある**ということです。他の動物には人間のような自我はありませんから、他の仲間と自分を分けることもないので、人間の言う「寂しさ」は感じません。

しかし、人間はその強い「自我」ゆえに、他人と自分を区別していますから、「寂しさ」を感じます。身体も意識も分かれていて、他人とはつながっていないことを認識していますから、基本的にはいつでも寂しいのです。

だから、何とか人に近づき、コミュニケーションをとって友人をつくり、つながろうとします。家族も、同じ屋根の下に暮らしているとはいえ、自分のことをわかってもらえないと寂しくてしょうがないのです。そのため、人間は他の動物とは違い、人間関係でうまくつながれないと「寂しさ」という「悩み」を持つわけです。

さて、ここまでは「人間は悩むように創られている」という、つらい話ばかりになりましたが、それだけではありません。それらの悩みや寂しさを乗り越えたときには、その何倍もの達成感や感動、愛情を得ることができるのです。

もちろん、そのためには悩みを乗り越えるために必要な工夫やチャレンジ、常に学ぶことなどは当たり前でしょう。あるいは誰かとつながり、心を通わせるために出会いと別れを繰り返し、つらい思いもすることでしょう。

しかし、「やり続けること」で必ずその瞬間は訪れます。余談になりますが、「成功者」の共通点は、「成功するまで、成功する方法を悩み考えながら、やり続けた」ことにあります。途中であきらめてやめてしまうから、「失敗」という結果が残るだけです。

だから、悩み続け、でも学び続けてそれをやり続けることで、あなたに必ずその瞬間は訪れます。おそらくは目の前が一気に、パーッと明るく開けるような瞬間です。

「光と陰」のような関係です。陰があるからこそ、光が差してきたときの暖かさと明るさに感動するのです。

例えば、何でもほしい物がすぐに手に入るとします。その状態がずっと続けば、あなたはやがて、感動も喜びも感じなくなります。なぜなら、その状態が「当たり前」になるからです。しかし、ほしい物がなかなか手に入らず、1年以上がまんしてようやく手に入ったときには、ものすごい感動や喜びを感じるはずです。だから、「陰や悩み」がある方が、人生は感動的であるとも言えるでしょう。

人間には「想像力」と「創造性」があります。この能力があるからこそ、人生を自分でデザインできるのです。他の動物は、「生き方を自分でデザイン」するようなことはありません。生命として誕生し、犬ならば犬の種として生き、子孫を残し、バトンタッチして死んでいくわけです。

しかし、**人間は誕生して死ぬまでの間を、自分でデザインすることができます**。

何を学んで、自分の能力のどの部分を高めるのか。趣味やスポーツは何を選ぶのか。職業は何を選ぶのか。どのような仕事をするのか。どのようなことで人や社会を幸せにするのか。誰に恋をするのか。誰と結婚するのか。どのような家庭をつくるのか。子どもをどのように育てたいのか。子どもにどのような教育をするのか。そして、その集大成として、どのように人生を生きるのか。人生の意味を創りだすのは、自分次第です。

ただ、選べてデザインできるからこそ、また人間は悩みます。選んだものが自分にぴったりで、すべてがうまくいく保障など、まるでないからです。

「自分にとって正解の人生」など知っている人は、この世に一人としていません。迷い悩んだあげく、「これだ」と思って選んだものが全然うまくいかない、なんてことが人生では、山ほど出てきます。だから、後悔し、自信をなくし、そして未来にも不安を感じ、うずくまってしまうことだってあるのです。

しかし、それでもまた何とか立ち上がり、一歩を踏み出し乗り越えていく。そして、乗り越えるごとに人として成長していきます。チャレンジし続けた人が、人間として成長し、誇りを持って生きることができるはずです。

「誇りを持って生きる」とは、なにも「立派な人になれ」ということではありません。それは、「つらいこともあるけれど、自分の人生から逃げない」ということです。

もちろん、社会に出ると、理不尽（理屈に合わない）なこと、理想と現実のギャップ、人間の弱さや醜さなどにしばしば出会います。私自身もそのようなことにたくさん出会ってきました。

でも、悩み考え、学び成長することをあきらめなければ、必ず乗り越えていけるものです。そのときには、すごい感動がありますよ。「自分は生きている！」という実感は、そのようなときにこそ味わうことができるものです。

最後に、人生とは「お金持ちになって大きな家に住み、高級車を乗り回し、優越感に浸ること」ではありません。

人生とは、「迷い考え、自分で選ぶもの。そして大いに悩み抜き、また傷つき、それでも立ち上がって乗り越えようとするもの。自分から逃げず、誇りを持って感動とともに生きる」ということです。ただし、これは私の個人的な定義ですよ。

Q どうしたら、人生は楽しくなりますか？

この質問は、先ほどの回答と重複する部分があるかもしれません。「人生とは」という質問に対して、「自分で選ぶものである」と答えましたね。

私の周りの親しい人、「学生時代や、子どものころに戻りたいと思いますか？」という質問をしてみました。でも、「戻りたいと思う」と答えた人は15人中、一人もいませんでした。

これは、「現実に、もう戻ることはできないのだから、今を受け入れるしかない」という前提はあるのでしょうけれど、みんなが言うには、「大人になると、自分で選ぶことができるから」という理由が共通していました。

もちろん、自分で選んだ結果は、すべての責任を負わなければなりません。でも、選んだ結果、うまくいってもいかなくても、「自分で生きている」という実感が持てるということだと思います。私などは、今でもうまくいかないことの方が多いぐらいですが、やはり「自分で生きている」という充実感があります。

実は、「自由に選んだらいいのだよ」ということが一番難しくて、悩むことでもあるのです。自由というのは、まるで広大なジャングルに、コンパスもなしに一人で放り出されるようなものです。

大人になるにつれ、人生経験や社会の生きた情報に触れることで、少しずつ「自分で選び、自分で決め、自分で責任を取れる」ことが増えてきますよね。

何度も言うようですが、うまくいかないことやつらいこと、悩むことはたくさん出てきますが、「自分で生きている」という実感を味わうことができます。それは同時に、「人生が楽しくなってきた」ということでもあります。

Q 私は、生きることの理由は死ぬまでわかるものではないと思います。

その通りです。生きることの理由というものは、死ぬまでわかるものではありませんし、死んだ後でもわかりません。

それは、もともと**生きることの理由などは存在しない**からです。

生きることの理由は、その都度自分で創るもので、それもまた人生の時期とともに変わっていきます。だから、人生とは「答えなどない、生きることの意味を訪ね（尋ね）、歩き続けること」でもあります。その「意味」を自分で創造することが「人生」なのだと、前の回答で書きましたね。

ここでは「理想や夢を求めて生きるべき」という人もいると思いますが、それもまた個人的なものです。人によって「理想とするもの」も、「夢」もまったく違うはずです。

ある人はメジャーリーガーになりたいという夢を持っているのかもしれませんし、ある人は、バスの運転手になることがその人にとっては夢かもしれません。
また、ある人は、弱者も受け入れられるような優しく温かい社会を理想とし、ある人は、実力がすべての競争社会を理想とするかもしれません。
つまり、「理想」や「夢」というのは、未来の自分や社会に対する「期待」であり、それを私たちは「希望」と呼んでいるはずです。

希望は、人によって違うでしょうけれど、希望がなければ人間は、生きる力や気力が湧いてきません。なぜなら「未来の自分や社会に、何の期待もしない」人生ほど、無味乾燥なものはないからです。「さあ、がんばっていこう」と思えるのは、その先に期待があってのことです。

ですから、**私は個人的には、夢や希望を持って生きるべき**だと思いますし、そうでなければ生きることができないと思っています。

Q 世界で一番大切なものはなんですか？

まず、生命の分野から考えてみると、地球環境あるいは地球そのものが、世界で一番大切だということになります。なぜならば、地球が健康な状態であってはじめて、人間や他の動物、すべての生命が生きていけるわけですから。「人の命は、地球よりも重い」と言いますが、生命全体という視点で見ると、やはり地球の方が重いわけです。

次に、民族という観点で考えると、「自分はその民族の一人である」という誇りになるのかもしれません。民族の歴史や文化、宗教を守るために命を投げ出す人たちが、たくさんいます。民族にとっては、民族としての誇りが一番大切なのです。

次には、国家という観点で考えてみましょう。国家が良好な状態であるためには、諸外国と良好な関係を保ち、それでも有利になるように交渉しなければなりません。つまり、「国益」を守るということです。そして、国家が健康な状態であるために、内政（政治）を安定させる必要がありますし、経済の成長も欠かすことができません。

国家にとって、国が安定していて、豊かであることが一番大切なのです。だから、国家を守るために、戦争を通して数え切れない人たちの血が流されてきました。

そして、社会という観点では、一人一人の心身の健康と、なかでも子どもや若い人たちの命でしょう。子どもや若い人たちが、次の社会を創っていきますので、子どもや若い人たちが健康でイキイキしているということが、20年後、30年後の社会もイキイキしていることにつながります。社会にとって、子どもや若い人たちが一番大切なのです。

つまり、ここまで考えてきたように、**「世界で一番大切なもの」とは、考える立場によってまったく違ってくる**ということです。「個人」という立場になると、また違ってもくるでしょう。

私にとって、世界で一番大切なものとは、地球環境であり、民族であり、国家であり、社会でもありますが、「個人的」には妻と二人の子どもです。妻と出会い、恋をして結婚しました。二人で家庭をつくるスタートを切り、私の人生はより豊かなものになりました。私にとって、妻はかけがえのない存在で、とっても大切な人です。

そして、二人の子どもに恵まれました。子どもの誕生により、自分たちの命が子どもたちへと続いていく不思議さとすばらしさに感動しました。元気に成長してくれている姿を見ると、愛おしさと豊かさで胸がいっぱいになります。子どもたちは、自分の命を投げ出してでも守りたい、かけがえのない存在です。

さまざまな立場から考えると、「もっとも大切なこと」は、その観点によって常に変化するということです。しかし、「一人の人間として、心情的な、世界でもっとも大切なもの」とは、やはり人生で寄り添って生きる、愛する家族ではないでしょうか。

Q 目標はどうやって見つければいいですか？

自分の一番やりたいこと、一番好きなことが目標になれば、すばらしいことです。でも、それが自分でもわからないことが多いものです。

今の社会は「自由」です。自由だから何でも自分で選べますし、あなたの可能性は、まだ規定されるものがないでしょうから、いわゆる「無限の可能性」でもあります。このことが、「目標を見つける」ことをたいへん難しくしています。

「あなたの可能性は無限なのだよ」とか、「何でもやりたいことを選んでもいいんだよ」などと言われても、あまりにも選択肢が多すぎて、かえって何を選んだらいいのかわからなくなるはずです。

もし仮に、選択肢がごく限られていたなら、ある意味で楽なのかもしれません。例えば、進学する高校はA校かB校から選びなさい。スポーツはテニスかバスケットのどちらかをやりなさい。職業はコンピュータ業界の中から選びなさい。会社はC社かD社のどちらかにしなさい。このような、可能性が限定された中で生きる方が、迷いは少ないと言えるでしょう。

ただし、あなたの才能はそれ以外の世界でより一層引き出され、開花する可能性もあるので、「迷いが少ない」ことが果たしてベストであるかは、わかりません。

ですから、「自由」というのは、「無限の可能性」をあなたに与えてくれるのと同時に、「選ぶこと」や「生きること」に迷いを生じさせ、たいへん難しくすることになっています。

では、どうすればよいのかということですが、あなたのように疑問を持ち始めたときから、「目標」について意識するということでしょう。ただし、「自分の最終的な目標」などではなく、「とりあえず思いつく当面の目標」です。「最終的な目標」など、40歳を超えた私でさえわかりません。

私は今、自分の仕事が大好きで、家族とも幸せに暮らし、充実した毎日を過ごしているつもりです。でも、もっとワクワクするような仕事や生活、人生の目標などが自分の中に出てくれば、いくらでも変わる可能性があります。

だから、**目標は時間とともに、経験とともに、人との出会いとともに、いくらでも変わることが前提**です。「とりあえず思いつく、当面の目標」しかわからないのです。


「このスポーツに、とりあえずチャレンジしてみよう」「まずは、レギュラーポジションを目指そう」「今度の学期末テストでは、このぐらいの成績を目指そう」「A校に入学できたらいいなあ」など、近い未来の自分について少しイメージしてみることです。

そして、高校や大学について自分で調べてみるのもよいでしょう。それぞれの学校には特色があって、それがいろいろな未来の自分をイメージさせてくれるものです。あるいは、さまざまな職業について調べてみることです。

やはり、それぞれのすばらしさや、難しさがわかってくると、そこに自分を重ねてみることで、未来の自分をイメージできるかもしれません。

このように、まずは「とりあえず思いつく当面の目標」を実行し、近い未来の自分をイメージしながら、さまざまな可能性に自分を重ねてみることです。

そして、その中で迷ってもよいのです。失敗してもよいのです。迷いながら、失敗の中からこそ、はじめて自分のことがわかってくるからです。

Q 夢をあきらめたら、どうなってしまうのですか？

私の子どものころの夢は、パイロットになることでした。幼いころには空を見上げ、遠くに飛んでいる飛行機を見ては、自分で操縦して大空を飛ぶことに憧れていました。そして、小学生になると、次には宇宙パイロットに憧れるようになりました。地球から遠く離れた宇宙空間に行って、宇宙から地球を見たいなあと想像したものです。

でも、中学に進学すると、それまでは問題なかった算数が数学になり、成績が一気に下降しました。数学の成績は、努力しても一向に上がらず、数学への興味は薄れるばかりでした。さらに、健康診断の結果、色弱（微妙な色の違いが識別できない）であることもわかりました。航空機のパイロットになるにしても、宇宙パイロットになるにしても、数学が苦手であることと色弱は致命的であり、夢は断念せざるを得ませんでした。

もう一つの憧れは、スポーツ選手になることでした。小学生と中学生では、野球をしていました。高校生からはテニスをしましたが、どちらにも大した素質がなかったようで、もちろん全国大会に出たことすらありませんでした。

さて、**夢というものは自分の実力がわかるごとに、崩れていくものかもしれません。**もちろん、大谷翔平選手のように、子どものころからの夢をかなえる人もいますが、それはほんの一握りの人たちです（だからと言って、あなたの夢を最初からあきらめることはありません。可能性がある限り、チャレンジすることはすばらしいことですし、そのチャレンジは後に、必ずあなたにとってプラスになってかえってきます）。

たいていの人は、夢がかなわず崩れたときに、自分の可能性が一つ限定されます。しかし、それと同時に「一つ自分を知る」ことでもあります。また一つ夢が崩れて、自分の可能性が限定され、さらに一つ自分のことを知る。

そのようにしながら、自分のことがわかってきて、「自分は何に向いているのか」「どのような分野で能力を発揮できるのか」「さらにその中で何がやりたいのか」ということが、ようやく見えてきます。つまり、夢が崩れるごとに悩むことは、自分を知り自分をつくっていくプロセスでもあります。

子どものころからの夢がかなう人は、本人の努力も当然あってのことですが、ある意味でラッキーであり奇跡的でさえあります。しかし、夢がかなわずに崩れていく経験を何度もしている人は、生きる中で自分の力で「自分づくり」をして、さまざまな経験を通して人間的にも成長していく人です。

さて、「夢をあきらめるとどうなるのか」という質問でしたね。それは、**夢をあきらめることで一つ自分を限定し、同時に自分を一つ知ること**です。

そして、それを何回か繰り返す中で、自分がどんどん限定されて夢が消去されていくのですが、「残された自分の可能性」や、「今までは気づかなかった自分の可能性」に気づき、新たな現実的な夢が出てきて、それを追いかけるようになるということです。私の子どものころや、学生時代の夢は「パイロット」「スポーツ選手」でしたが、今は「カウンセラーとして、一人でも多くの人を支援し、幸せにすること」です。

子どものころには想像することもなかった夢を、今は追いかけて走っています。

私が個人的に考えている「正義」とは、倫理と道徳を守ることです。そして「理想」とは、どのような状況でも倫理と道徳を守ることです。

例えば、以前に、賞味期限切れの食品を、日付を改ざんして販売したスーパーや菓子会社がありました。嘘をついて国から補助金を受け取るという「国家に対する詐欺」をしていた会社もあります。

こうした、企業倫理を無視したような行為は、もちろん「正義」から外れた、決してあってはならないものです。そして、どのようなことがあっても、このような悪くてずるいことをせず、正義を守り通したいものです。

しかし、正義を守らずに不正や違法行為をする人たちは、やむを得ずやってしまった人たちがほとんどです。何の罪悪感もなしに、計画的に悪いことをする「もともと悪人」はほんの一握りです。

ほとんどの人たちは、仕方がなしにずるいことをしているはずです。それは、このままでは会社の利益が減ってきて、場合によっては会社がつぶれて従業員が失業し、その人たちの家族を守れなくなる。あるいは、取引先にも迷惑がかかることになるから、何とかしなくてはいけないなど、「自分や誰かを守るため」に悪いことではあると知りながら、どうしてもやらざるを得なかったということでしょう。

もちろん、それは「理想」とはほど遠い行為です。規則や法律にもかなっていませんから、処分されることになります。

また、国際会議の議題に「地球温暖化を防止する」というテーマがずいぶん前から取り上げられるようになりました。各国に目標があてがわれ、「子孫にこのままの美しい地球を守り伝えよう」という理想に近づくスローガンが唱えられていますが、それに合意しない国があります。それらの国は、正義と理想を承知しながらも、その国の企業の利益を守るためや、国益を守るために合意しないのです。

これらのことは、残念なことです。あなたもそのような人や、そのような国があることを知るとガッカリするでしょうね。

しかし、一人の人間として、心情的にはわかる気がします。誰だって、自分や家族、身近な人を何とか守りたいと思いますし、国を守りたいとも思うでしょう。だから、正義を貫けない人たちも、やむを得ず仕方なしに、理想的な行動をとれないのです。

だからといって、「正義を貫かず、理想を求めなくてもいい」というわけではありません。

何かや、誰かを守るためとはいえ、不正や違法行為をし、理想をあきらめてしまうと、必ず後悔することになります。

「自分に誇りを持つ」という、人間にとってもっとも大切なことを失いますし、堕落していくことになるでしょう。そして、最終的には身近な人をがっかりさせて、悲しませることにもなります。

一時はつらくても苦しくても、正義を守り、理想に近づいていきたいものですね。それは、「スゴイことを成し遂げる」ということではないけれど、ちっぽけなことだけど、「誇りをもって生きる」という、人間にとってもっとも大切なことを守るのです。

私は、それが一番かっこいいと思っています。

Q 死とはなんでしょうか？　とっても怖いものですよね。

死に対する恐怖は、人間にとってぜひ克服したい大きな課題なのかもしれません。それゆえに、心理学、哲学、宗教学とも、何百年もその課題に挑んできました。

死に対する恐怖を克服するのが難しいという例え話をしましょう。

厳しい修行を積んだ高僧が癌《がん》にかかってしまいました。この僧侶は弟子もたくさん抱え、周囲から尊敬を集めている人です。体調の不良を訴え、入院することになりました。重病であることは明らかで、本人もそのことを自覚しているようでした。そして担当医との話で僧侶はこう切り出しました。

「先生、私は厳しい修行を積み、日夜精神の鍛錬を怠ることなく過ごしてきました。どのようなことがあっても動じない平静の心を持っております。どうか本当のことをおっしゃってください。やはり私は癌なのでしょう？」

担当医は告知するべきか迷いましたが、相手が高僧であることと、本人のこの話を聞いて告知することにしました。

「はい。残念ながらあなたは末期の癌です」

すると、それを聞いたとたんに高僧は号泣したそうです。

どんな人でもやはり死ぬことは怖いようです。では人間はなぜ「死ぬ」ことがそこまで怖いのでしょうか。ただ闇雲に〝怖い〟と思いこむだけではなく、〝どうして怖いのだろう〟なんて考えてみると、ちょっとは、その恐怖を克服できるかもしれませんね。

私は担当している社会人向けのセミナーで聞いてみたことがあります。「みなさんは死ぬことが怖いですか」というシンプルな質問です。

それに対して「怖い」と答えた人が大半でした。やっぱり怖いようです。そしてさらに、「なぜ怖いのですか」という問いかけに、

❶ 死に至るプロセス（痛かったり、苦しかったり）が不安だ
❷ 死ぬと何も感じられなくなり、それがどんな状態か想像がつかないから嫌だ
❸ 死ぬと、自分の意識や魂がどこに行ってしまうのかわからないのが不安
❹ 家族や親しい人と会えなくなるのが寂しいから嫌だ
❺ 誰からも忘れ去られるのが嫌だ

整理するとこれらの5つの理由から、「死ぬことは怖い」というものでした。

まず、①の「死に至るプロセスが不安だ」というのは私も共感します。死に至るプロセスの中で、「どんな痛みや苦しさが自分に襲ってくるのだろう」という不安な気持ちは、痛みに弱い私はやはり怖いという気持ちになります。

でもそれ以外は、私は個人的にはそれほど怖くはありません。なぜかというと、死んで

しまうと間違いなく意識はなくなるでしょうから、見ることも聞くことも感じることもなくなるわけです。

だから私なりの〝死の世界〟は、「不安も、痛みも、苦しみも、怒りも、悲しみもない、ただ静かな世界」です。その意味では死は怖くはないなあ、と思っています。

そしてもう一つ、死に対する恐怖を私たちが持つ理由は、「天国と地獄がある」というストーリーによるものかもしれません。つまり〝死後の世界〟に対する不安です。子どものときから、「よい行いをしていると、死んだ後は天国に行ける」、「悪い行いをすれば死んだ後は地獄に落ちる」というようなことを聞かされました。でもそれは、おそらく宗教上のフィクションで、事実かどうかは誰にもわかりません。

つまり、〝死後の世界〟なんてものは、「あるのか、ないのか」なんてわからないもので、わからないことをさまざまな想像を働かせて、勝手に怖がっているだけのことなのかもしれません。

お釈迦様も、「わからないことは、しょせんわからないのだから考えるな」と言っています。実は仏教をつくって伝えたとされるお釈迦様は、宗教家ではなく「哲学者」だったのですよ。「人々が心やすらかに生きるための哲学」を研究した人であって、その成果をあとで誰かが宗教に仕立て上げてしまったようです。

だからお釈迦様は、「死後の世界がある」とか、「天国と地獄がある」なんてひと言も言っていないようです。

「わからないことは、わからないのだから考えてもしょうがない」というのは、私も大賛成です。だから私は死ぬことを怖いとは思いません。〝死〟は、やはり「ただただ静かなだけ」なのです。

でも、一つだけ気になることがあります。それは④の「**家族や親しい人と会えなくなるのが寂しいから嫌だ**」です。

私にも両親がいます。姉妹が二人います。大切な親友がいます。仕事で力を合わせてがんばっている大切な仲間がいます。そして愛する妻と、大好きな子どもが二人います。

離れたくない！　別れたくない！

いつも一緒に居たい！　触れていたい！

話していたい！　たまにはケンカしてもいい！

抱きしめていたい！　抱きしめていたい！　抱きしめていたい！

やっぱり離れたくない！

だからやっぱり死ぬのは嫌だ！

だからやっぱり死ぬのは怖い！


「死は怖がることはないよ」と、締めくくろうと思っていました。

でもこの文章を書いているうちに気づかされることがたくさんありました。

そして「死ぬことは怖い」ということにも改めて気づかされました。そして実は、これを書きながら涙を流してしまいました。

大切な、大好きな、愛する人とやっぱり別れたくないから。離れたくないから。


だから、だから、みんなも生きてください。

思うような成績がとれなくても。

スポーツで一番になれなくても。

好きな人にフラれても。

たくさんの失敗をしても。
ぜんぜんうまくいかなくても。
命ある限り精一杯に生きてください。

あなたがそこにいるだけで、幸せな人がたくさんいます。

◆著者紹介◆

林　恭弘（はやし・やすひろ）

ビジネス心理コンサルティング株式会社代表取締役。日本ビジネス心理学会参与。心理コンサルタント。日本メンタルヘルス協会特別講師。

幼児教育から企業を対象とする人事・教育コンサルタントの分野まで講演・研修会、セミナー、著作などにて幅広く活動。

「活力ある社会とやさしい家庭を創造する」をテーマに、日常生活に実践的ですぐに使える心理学を紹介する。

著書に、『「嫌いな人」のトリセツ』『「落ち込みグセ」をなおす練習』『自分の気持ちを伝えるコツ50』『誰といても疲れない自分になる本』（いずれも総合法令出版）などがある。

たった１人の自分を大切にする
13歳からのメンタルヘルス

2025年 4 月18日　初版発行

著　者　林　恭弘
発行者　野村直克
発行所　総合法令出版株式会社
〒103-0001 東京都中央区日本橋小伝馬町 15-18
EDGE 小伝馬町ビル 9 階
電話　03-5623-5121
印刷・製本　中央精版印刷株式会社

落丁・乱丁本はお取替えいたします。

ISBN 978-4-86280-992-6
総合法令出版ホームページ　http://www.horei.com/